CHACUN
son rythme!

> HÉLÈNE BOUCHER, ORTHOPÉDAGOGUE
> SYLVIE CARON, ORTHOPÉDAGOGUE
> MARIE F. CONSTANTINEAU, ORTHOPÉDAGOGUE

Activités graduées
en lecture
et en écriture

Chenelière Éducation

Chacun son rythme !

Hélène Boucher, Sylvie Caron et Marie F. Constantineau

© 2005 Les Éditions de la Chenelière inc.

Éditrice : Lise Tremblay
Coordination : Monique Pratte
Révision linguistique : Isabelle Canarelli
Correction d'épreuves : Renée Léo Guimont
Illustrations : Jocelyne Bouchard et Fenêtre sur cour
  et ses concédants
Conception graphique et infographie : Fenêtre sur cour
Couverture : Josée Bégin

De manière générale, le féminin a été utilisé dans le but d'alléger le texte. La lectrice et le lecteur verront à interpréter selon le contexte.

**Catalogage avant publication
de Bibliothèque et Archives Canada**

Boucher, Hélène, 1955-

    Chacun son rythme ! : activités graduées en lecture et en écriture

    ISBN 2-7651-0404-2

    1. Lecture (Enseignement primaire). 2. Lecture (Enseignement primaire) - Problèmes et exercices. 3. Écriture - Étude et enseignement (Primaire) - Méthodes actives. 4. Écriture - Problèmes et exercices. I. Constantineau, Marie F., 1953-. II. Caron, Sylvie, 1958-. III. Titre.

LB1573.39.B68 2004   372.4   C2004-941968-4

**Chenelière
Éducation**

7001, boul. Saint-Laurent
Montréal (Québec)
Canada H2S 3E3
Téléphone : (514) 273-1066
Télécopieur : (514) 276-0324
info@cheneliere-education.ca

Tous droits réservés.

ISBN 2-7651-0404-2

Dépôt légal : 1er trimestre 2005
Bibliothèque nationale du Québec
Bibliothèque nationale du Canada

Imprimé au Canada

1 2 3 4 5 A 09 08 07 06 05

Nous reconnaissons l'aide financière du gouvernement du Canada par l'entremise du Programme d'aide au développement de l'industrie de l'édition (PADIÉ) pour nos activités d'édition.

Gouvernement du Québec — Programme de crédit d'impôt pour l'édition de livres — Gestion SODEC

L'Éditeur a fait tout ce qui était en son pouvoir pour retrouver les copyrights. On peut lui signaler tout renseignement menant à la correction d'erreurs ou d'omissions.

Table des matières

Le projet que nous avons entrepris est né du souci de nombreux intervenants auprès d'élèves des deuxième et troisième cycles du primaire, et auprès d'élèves ayant un cheminement particulier au secondaire, de se doter d'outils leur permettant d'accompagner plus efficacement leurs élèves dans leur cheminement différencié.

Il nous semble clair que l'école gagnera à opérer des ajustements pour mieux composer avec sa triple mission auprès des élèves: instruire, socialiser et qualifier. Ces ajustements seront facilités, du moins c'est notre conviction, si les intervenants scolaires parviennent à mettre en place des dispositifs facilitant la différenciation pédagogique, de façon à répondre avec plus de pertinence et de cohérence aux besoins des élèves en tant qu'apprenants.

Les enfants ont changé et leur environnement familial s'est transformé. Les savoirs se sont développés et sont devenus interdépendants, tout cela au moment où les enseignants redéfinissent les liens avec leur profession. Cela aura forcément des conséquences sur ce qui se passe et se passera dans l'école d'aujourd'hui et dans celle de demain. Nombreux sont les enseignants et autres intervenants préoccupés par une intervention pédagogique appropriée.

Nous proposons donc des modules d'apprentissage riches et significatifs qui requièrent à la fois l'exercice de processus mentaux, le développement de diverses habiletés et une ouverture à la culture des autres. Nous sommes tout à fait convaincues qu'il y a place, dans les milieux scolaires, pour des situations d'apprentissage dynamiques qui présentent des défis cognitifs substantiels tenant compte de la manière concrète d'apprendre des enfants.

Ces modules d'apprentissage pourront fournir quelques balises pour communiquer à l'élève le goût de lire. Ils contribueront au maintien ou à l'éveil de l'intérêt et de la motivation inhérents à un cheminement scolaire réussi. Ils s'ajouteront à l'éventail des conditions propices devant être mises en place pour appuyer l'élève dans la réalité qui est la sienne en matière de gestion des différences. Meirieu écrit bien que «différencier, ce n'est pas respecter le rythme, mais vraiment en tenir compte le plus souvent possible».

Hélène Boucher, orthopédagogue

Sylvie Caron, orthopédagogue

Marie F. Constantineau, orthopédagogue

Introduction

Qu'est-ce que *Chacun son rythme*?

Les activités proposées dans le recueil *Chacun son rythme!* se greffent à des textes signifiants. Cet ensemble pédagogique, incluant sept modules d'apprentissage et deux modules de réinvestissement, constitue un matériel complémentaire à l'usage de l'enseignant ou de l'orthopédagogue. Nous avons eu davantage le souci de diversifier les thématiques et les activités proposées que de couvrir l'entièreté des notions devant être enseignées au cours des deuxième et troisième cycles du primaire. C'est dans cette optique que nous avons abordé principalement la lecture et l'écriture tout en incluant, à certains moments, la mathématique.

Chaque module d'apprentissage présente une gamme d'activités compatibles avec les champs d'intérêt des élèves et leur cheminement scolaire. Étant donné la pluralité des rythmes d'apprentissage présents dans les classes du primaire, il revient donc à l'enseignant ou à l'orthopédagogue de sélectionner une ou des activités répondant le mieux aux besoins des apprenants.

En parcourant les tableaux des modules d'apprentissage, les utilisateurs remarqueront la présence des symboles (★, ★★, ★★★). Ceux-ci s'appliquent quand une activité est présentée en plusieurs versions. Il est possible que certains défis s'avèrent trop simples ou trop complexes pour certains élèves. L'intervenant se réservera donc le droit de ne pas nécessairement présenter toutes les tâches à tous les élèves. Dans tous les cas, il demeure approprié de réaliser les activités en coopération ou en équipe de travail. Rien n'empêche le pédagogue d'exploiter davantage, et à sa manière, les pistes de travail suggérées. La majorité des activités sont assorties de corrigés à l'intention des élèves, dans la perspective d'une démarche d'autocorrection en classe.

Au début de chacun des sept modules d'apprentissage, vous trouverez un tableau présentant les composantes, les processus[1] ou compétences sollicités ainsi que les objectifs ciblés.

La dimension évaluative est abordée dans chacun des huit modules d'apprentissage. Ainsi, les utilisateurs remarqueront la présence de grilles d'observation. Soucieuses de respecter la philosophie actuelle en matière d'évaluation des apprentissages, nous suggérons fortement d'intégrer l'évaluation à l'apprentissage en favorisant la pratique de la régulation interactive.

Il importe de fournir le plus souvent possible à l'apprenant des pistes alternatives tout en l'amenant à les induire par lui-même. Le portfolio, le journal personnel de même que le processus d'autorégulation l'aideront dans cette démarche de prise en charge de son propre cheminement et lui permettront, nous le souhaitons, de découvrir la magie du plaisir d'apprendre.

---

1. Voir le tableau en annexe (page 385), qui explique les divers processus impliqués dans l'acte de lire.

1. Les samedis de Charlotte

Composantes	Processus	Objectifs
Questions de compréhension Corrigé	Macroprocessus	• Lire et interpréter les questions. • Développer une compréhension en profondeur : littérale, inférentielle ou interprétative, critique et applicative. • Consolider les habiletés liées à la recherche d'informations dans une phrase ou un court paragraphe. • Apprendre à découvrir les mots clés.
Faire le schéma du récit Corrigé	Macroprocessus	• Prédire le déroulement du récit. • Sélectionner les éléments importants. • Comprendre le texte dans son ensemble. • Soutenir le rappel du récit.
Souligner les mots clés Corrigé	Microprocessus en lecture	• Consolider les habiletés liées à la recherche d'informations dans une phrase ou un court paragraphe. • Sélectionner les informations.
Les connecteurs de sens Corrigé	Processus d'intégration	Consolider l'interprétation des connecteurs de sens, des marqueurs de relation.
Recherche de synonymes Corrigé	Microprocessus	À partir d'un modelage, découvrir les mots porteurs du même sens en se servant des indices sémantiques (synonymes).
Je repère le mot bien écrit Corrigé	Microprocessus	• Développer et vérifier l'acquisition du code graphophonologique. • Développer la mémoire orthographique.
Classification des sons Corrigé	Microprocessus	• Reconnaître les graphies ciblées à l'intérieur d'une liste de mots. • Procéder à leur classification. • Développer l'habileté à lire rapidement.
Mots intrus Corrigé	Microprocessus	• Construire du sens à l'aide de stratégies appropriées en se servant des indices sémantiques et morphologiques du mot. • Comprendre le concept de mots de même famille. • Découvrir le mot qui n'a pas de parenté de sens avec le mot de référence.

▼

Composantes	Processus	Objectifs
Connaissances grammaticales Corrigé	Repérer les groupes essentiels et leurs composantes dans la phrase.	• Reconnaître le verbe conjugué. • Identifier le groupe-sujet. • Repérer les adjectifs qualificatifs. • Repérer les noms et nommer leur genre.
Attention au son... Corrigé	Microprocessus	• Reconnaître les différentes graphies du son «en». • Consolider la discrimination auditive du son «en». • Induire la notion du verbe qui contient la graphie «en» mais non le son «en» à la 3e personne du pluriel (en/ent).
Structure de phrases Corrigé	Syntaxe et ponctuation	• Consolider la reconnaissance de phrases de type déclaratif, interrogatif ou exclamatif. • Repérer les indices de ponctuation. • Favoriser l'utilisation de l'intonation afin d'augmenter la compréhension et la fluidité en lecture.
Un peu de mathématique Corrigé	• Résoudre une situation-problème mathématique. • Raisonner à l'aide de concepts et de processus mathématiques.	• Lire et comprendre un problème mathématique. • Parvenir à une bonne représentation mentale du problème. • Dégager les mots importants et faire des liens appropriés. • Utiliser les techniques d'addition, de soustraction, de multiplication et de division.
Un peu de géométrie Corrigé	Communiquer à l'aide du langage mathématique en faisant appel à un mode de représentation.	• Développer une représentation visuelle. • Calculer le périmètre, la surface et le volume.

Les samedis de Charlotte

Charlotte vient tout juste d'emménager dans sa nouvelle demeure avec ses parents. Elle en a fait des kilomètres depuis Gatineau pour se rendre dans cette ville inconnue. Elle habite maintenant à Rimouski.

Tout près de sa nouvelle maison se trouve un grand terrain vague où elle s'amuse de temps à autre. Elle se sent souvent seule et s'ennuie…

Aujourd'hui, c'est samedi. Charlotte se rend à son terrain de jeu favori. Plusieurs hommes sont regroupés les uns près des autres et discutent. Charlotte tente de saisir le sens de leur conversation.

Deux hommes mesurent un espace sur le terrain boueux et parsemé de feuilles mortes. Un autre fait un appel sur son téléphone cellulaire. Les trois autres discutent de l'emplacement d'un nouvel immeuble résidentiel.

Le samedi suivant, Charlotte aperçoit de drôles de véhicules jaunes : une pelle hydraulique, une grue, une excavatrice et deux camions-benne. Intriguée, Charlotte s'approche du trou immense creusé dans la terre glaiseuse. Le contremaître lui fait signe de s'éloigner car le terrain est très glissant. Devant la mine déconfite de Charlotte, l'homme à l'air bourru la rejoint. Il lui parle quelques minutes et lui propose de lui confier un petit boulot.

Maintenant munie de son casque de sécurité, Charlotte ramasse les clous ainsi que les débris éparpillés sur le terrain. Le temps passe vite et elle est fière de pouvoir rendre service à ses nouveaux amis.

Les jours s'écoulent et les bâtiments s'élèvent tandis que le sourire de Charlotte égaye les samedis de ces travailleurs. Indispensable à l'équipe, elle devient sa mascotte.

Questions de compréhension

1. Dans quelle ville Charlotte habitait-elle ?

   _____

2. Quel est le nom de la ville inconnue où se trouve Charlotte ?

   _____

3. À quel endroit Charlotte va-t-elle jouer ?

   _____

4. Au début de l'histoire, pourquoi penses-tu que Charlotte s'ennuie ?

   _____

   _____

5. Quand Charlotte se rend-elle compte qu'il y a beaucoup de va-et-vient sur le terrain vague ?

   _____

6. Que font les hommes sur le terrain de jeu de Charlotte ?

   _____

   _____

7. Quel sentiment Charlotte éprouve-t-elle lorsqu'elle aperçoit les drôles de véhicules ?

   _____

8. À quoi servira le trou immense ?

   _____

9. Quel travail Charlotte exécute-t-elle sur le chantier ?

   _____

10. Nomme trois sortes de véhicules de construction.

    _____

11. Qui sont les nouveaux amis de Charlotte ?

    _____

12. Que représente Charlotte pour l'équipe des travailleurs ?

    _____

13. En quelle saison crois-tu que l'histoire se passe ? Trouve une phrase dans le texte qui explique ton choix.

    _____

    _____

Faire le schéma du récit

Qui sont les personnages ?

_____

_____

À quel endroit l'histoire se déroule-t-elle ?

_____

_____

Quand l'histoire se passe-t-elle ?

_____

_____

Que se passe-t-il au début ?

_____

_____

Quel est l'élément déclencheur ?

_____

_____

Quel est le problème ?

_____

_____

Quelle est la complication ?

_____

_____

Quelle est la solution ?

_____

_____

Quelle est la fin ?

_____

_____

Souligner les mots clés

Souligne les mots importants dans les questions. Souligne la partie de phrase ou de paragraphe qui répond à la question.

1. Dans quelle ville Charlotte habite-t-elle présentement ?

   Charlotte vient tout juste d'emménager dans sa nouvelle demeure avec ses parents. Elle en a fait des kilomètres depuis Gatineau pour se rendre dans cette ville inconnue ! Elle habite maintenant à Rimouski. Tout près de sa nouvelle maison se trouve un grand terrain vague où elle s'amuse de temps à autre. Elle se sent souvent seule et s'ennuie…

2. Pourquoi Charlotte s'approche-t-elle du trou ?

   Le samedi suivant, Charlotte aperçoit de drôles de véhicules jaunes : une pelle hydraulique, une grue, une excavatrice et deux camions-benne. Intriguée, Charlotte s'approche du trou immense creusé dans la terre glaiseuse. Le contremaître lui fait signe de s'éloigner car le terrain est très glissant. Devant la mine déconfite de Charlotte, l'homme à l'air bourru la rejoint. Il lui parle quelques minutes et lui propose de lui confier un petit boulot.

3. Peux-tu identifier un élément qui contribue à protéger la tête de Charlotte ?

   Devant la mine déconfite de Charlotte, l'homme à l'air bourru la rejoint. Il lui parle quelques minutes et lui propose de lui confier un petit boulot. Maintenant munie de son casque de sécurité, Charlotte ramasse les clous ainsi que les débris éparpillés sur le terrain. Le temps passe vite et elle est fière de pouvoir rendre service à ses nouveaux amis.

4. Quel effet le sourire de Charlotte a-t-il sur les travailleurs ?

   Les jours s'écoulent et les bâtiments s'élèvent tandis que le sourire de Charlotte égaye les samedis de ces travailleurs. Indispensable à l'équipe, elle devient sa mascotte.

Les connecteurs de sens

Choisis dans la liste les mots appropriés pour compléter les phrases.

- alors que
- pendant que
- ainsi que
- comme
- parce que
- quand
- cependant
- puisque

1. Charlotte se rend à son terrain de jeu favori _____ plusieurs hommes sont regroupés les uns près des autres et discutent.

2. Deux hommes mesurent un espace sur le terrain _____ l'autre travailleur fait un appel sur son téléphone cellulaire.

3. _____ Charlotte est intriguée, elle s'approche du trou immense creusé dans la terre glaiseuse.

4. Le contremaître fait signe à Charlotte de s'éloigner _____ le terrain est très glissant.

5. Maintenant munie de son casque de sécurité, Charlotte ramasse les clous _____ les débris éparpillés sur le terrain.

Recherche de synonymes

Dans chaque série de phrases, deux mots ont le même sens. On dit qu'ils sont synonymes.
Encadre les adjectifs synonymes dans chaque série de phrases.

La première phrase peut servir de modèle.

1. Tout près de sa nouvelle maison se trouve un grand terrain vague. Charlotte s'amuse de temps à autre dans cet espace vacant.

2. Charlotte s'approche du trou immense creusé dans la terre glaiseuse. Le contremaître l'invite à s'éloigner de cette énorme cavité.

3. L'homme à l'air bourru rejoint Charlotte. Il l'aborde d'une manière brusque car il est préoccupé par sa sécurité. Il lui parle quelques minutes et lui propose de lui confier un petit boulot.

4. Charlotte est surprise quand elle aperçoit les véhicules jaunes. Intriguée, elle s'approche davantage.

5. Les travailleurs disent que Charlotte leur est essentielle car elle accomplit un excellent travail. Indispensable à l'équipe, elle devient sa mascotte.

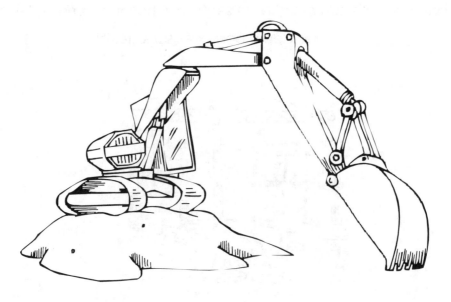

Je repère le mot bien écrit

Encercle le mot qui est écrit de la bonne façon. Tu peux te servir de ton texte, bien entendu.

- amménagé   anménager   emménager   amènager

- épparpilé   éparpillé   éparpilé   épapillé

- conversation   convertion   conversassion   convercation

- appercoit   apercoit   apperçoit   aperçoit

- construction   coustruction   constrution   construcsion

- véchicules   vihécules   véhicules   véchicules

- celulaire   cellulaire   celullaire   célulaire

- travalleurs   travailleurs   traivalleurs   travaileurs

- imense   immanse   immence   immense

- maitenant   mintenant   maintenant   maintenent

- contremaître   contre-maître   contremètre   contremaitre

- kilo-mètres   kilomaitre   kilomètres   kilomaître

- ramasse   ramace   rammasse   ramase

Classification des sons

Place les mots de la liste dans la bonne maison des sons.

Avec une amie ou un ami, lis tous les mots regroupés dans chacune des maisons. Pratique coopérative (à tour de rôle).

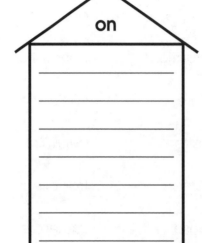

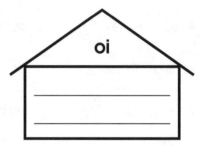

aperçoit	boulot	construction	regroupés
faire	nouveaux	clous	cellulaire
maison	pouvoir	rendre	trois
glaiseuse	jouer	sont	trou
creusé	rend	demeure	souvent
tente	nouvelle	conversation	saisir
déconfite	camions	fait	deux
condominiums	sourire	souvent	

Nom : _____   Date : _____

Mots intrus

Encercle le mot qui n'est pas de la même famille que celui qui est encadré.

| terrain | terre | terrasse | terreur | terreau |

| grand | grandeur | agrandir | grange | grandet |

| glissant | glisser | glissement | glissade | glycérine |

| espace | espadon | espacement | espacer | espacé |

| immense | immensément | immergé | immensité | immenses |

| appel | appeler | appellation | apprendre | appelant |

| drôles | drôlement | droitier | drôlerie | drôlette |

| emplacement | place | placer | placement | placard |

| nouvelle | nouveauté | nouvellement | nourrir | nouveau |

Connaissances grammaticales

Dans le texte, trouve six verbes conjugués et indique le groupe-sujet correspondant.

Groupe-sujet	Verbe

Dans le texte, repère six adjectifs qualificatifs.

Dans le texte, relève quatre noms masculins et quatre noms féminins.

Masculin	Féminin

Attention au son...

Fais un X sur les mots où tu n'entends pas le son en .

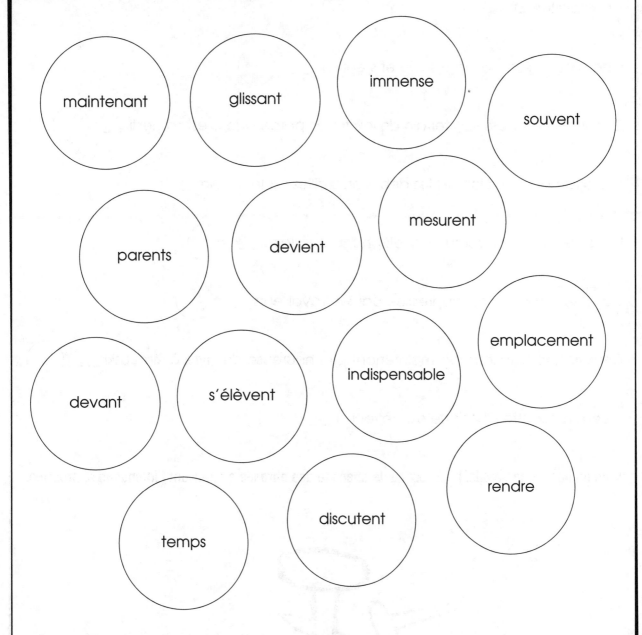

maintenant

glissant

immense

souvent

parents

devient

mesurent

devant

s'élèvent

indispensable

emplacement

temps

discutent

rendre

Donne la classe des mots sur lesquels tu as fait un X.

Mot	Classe

Structure de phrases

Écris les indices de ponctuation et indique si la phrase est déclarative (D), interrogative (I) ou exclamative (E).

Charlotte se sent souvent seule et s'ennuie ___ ◯

Charlotte se rend à son terrain de jeu favori parce que c'est samedi ___ ◯

Qui a ramassé les clous et les débris éparpillés sur le terrain ___ ◯

Un autre fait un appel sur son téléphone cellulaire ___ ◯

Comme Charlotte est appréciée par les travailleurs ___ ◯

Crois-tu que Charlotte est maintenant plus heureuse de vivre à Rimouski ___ ◯

Quelle mascotte Charlotte est devenue ___ ◯

Avec un ou une camarade, lis à voix haute chacune des phrases en utilisant l'intonation appropriée.

Un peu de mathématique

1. Il y a 750 kilomètres à parcourir entre Gatineau et Rimouski. À son retour à Gatineau, combien de kilomètres le camion de déménagement utilisé par Charlotte et ses parents aura-t-il parcourus ?

   _____

   _____

   _____

2. Pour aménager sa nouvelle chambre, Charlotte dispose d'un budget de 150 dollars. Elle souhaite acheter une lampe de chevet à 35 $, deux coussins à carreaux à 20 $ chacun et une affiche de son groupe musical préféré à 15 $. À la suite de tous ces achats, combien d'argent aura-t-elle dépensé ? Combien lui restera-t-il ?

   _____

   _____

   _____

3. Pour transporter la terre enlevée du terrain, l'entrepreneur a utilisé deux camions de grosseurs différentes. Le premier, pouvant transporter une charge de 15 tonnes, a fait 10 voyages. Le second camion, d'une capacité de 20 tonnes, a déplacé 600 tonnes de terre.

   Calcule le nombre total de tonnes de terre que les deux véhicules ont déplacées.

   _____

   _____

   Peux-tu trouver le nombre de voyages effectués par le second camion ?

   _____

   _____

   Cherche la différence entre les quantités de terre transportées par les deux camions.

   _____

   _____

Un peu de géométrie

1. Le terrain vague où Charlotte s'amuse mesure 125 000 mètres de longueur sur 250 000 mètres de largeur. Peux-tu calculer le périmètre de cet immense terrain rectangulaire ?

   _____

   _____

   _____

2. L'architecte qui a conçu les plans de cet immeuble a expliqué à Charlotte que tous les côtés de l'immeuble mesureront 60 mètres. Quelle sera la surface de l'immeuble ?

   _____

   _____

   _____

3. Le père de Charlotte a construit le patio qui se trouve derrière leur nouvelle maison ainsi qu'un escalier de pierres pour s'y rendre. Peux-tu calculer le nombre de pierres qu'il a utilisées pour construire l'escalier ?

   _____

   _____

   _____

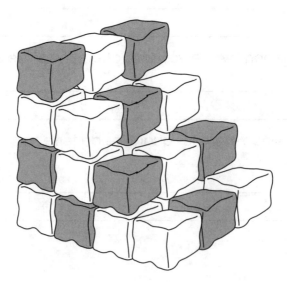

L'escalier de pierre

1. **Dans quelle ville Charlotte habitait-elle ?**

   Charlotte habitait à Gatineau.

2. **Quel est le nom de la ville inconnue où se trouve Charlotte ?**

   Charlotte se trouve dans la ville de Rimouski.

3. **À quel endroit Charlotte va-t-elle jouer ?**

   Charlotte va jouer dans un grand terrain vague.

4. **Au début de l'histoire, pourquoi penses-tu que Charlotte s'ennuie ?**

   Charlotte s'ennuie car elle vient de déménager et n'a pas encore d'ami(e)s pour jouer avec

   elle.

5. **Quand Charlotte se rend-elle compte qu'il y a beaucoup de va-et-vient sur le terrain vague ?**

   Samedi lorsqu'elle se rend à son terrain de jeu.

6. **Que font les hommes sur le terrain de jeu de Charlotte ?**

   Ils mesurent un espace, l'un d'entre eux fait un appel sur son téléphone cellulaire et trois

   autres discutent de l'emplacement.

7. **Quel sentiment Charlotte éprouve-t-elle lorsqu'elle aperçoit les drôles de véhicules ?**

   Charlotte est intriguée.

8. **À quoi servira le trou immense ?**

   Le trou immense servira à construire un immeuble résidentiel.

9. **Quel travail Charlotte exécute-t-elle sur le chantier ?**

   Charlotte ramasse les clous ainsi que les débris éparpillés sur le terrain.

10. **Nomme trois sortes de véhicules de construction.**

    Il y a une pelle hydraulique, une grue, une excavatrice, deux camions-benne.

11. **Qui sont les nouveaux amis de Charlotte ?**

    Les nouveaux amis de Charlotte sont les travailleurs.

12. **Que représente Charlotte pour l'équipe des travailleurs ?**

    Charlotte représente sa mascotte.

13. **En quelle saison crois-tu que l'histoire se passe ? Trouve une phrase dans le texte qui explique ton choix.**

    En automne. Phrases du texte : « Deux hommes mesurent un espace sur le terrain boueux

    et parsemé de feuilles mortes. »

Qui sont les personnages ?

Charlotte et les travailleurs.

À quel endroit l'histoire se déroule-t-elle ?

Tout près de sa nouvelle maison.

Quand l'histoire se passe-t-elle ?

Aujourd'hui, samedi.

Que se passe-t-il au début ?

Charlotte vient tout juste d'emménager dans sa nouvelle maison.

Quel est l'élément déclencheur ?

Charlotte s'ennuie et elle s'est trouvé un terrain de jeu.

Quel est le problème ?

Le terrain vague où elle s'amusait est maintenant occupé par des travailleurs de la construction.

Quelle est la complication ?

Le contremaître fait signe à Charlotte de s'éloigner.

Quelle est la solution ?

Le contremaître propose à Charlotte un petit boulot.

Quelle est la fin ?

Charlotte devient la mascotte des travailleurs.

Souligne les mots importants dans les questions. Souligne la partie de phrase ou de paragraphe qui répond à la question.

1. Dans quelle <u>ville</u> Charlotte <u>habite-t-elle présentement</u> ?

Charlotte vient tout juste d'emménager dans sa nouvelle demeure avec ses parents. Elle en a fait des kilomètres depuis Gatineau pour se rendre dans cette ville inconnue ! <u>Elle habite maintenant à Rimouski.</u> Tout près de sa nouvelle maison se trouve un grand terrain vague où elle s'amuse de temps à autre. Elle se sent souvent seule et s'ennuie…

2. <u>Pourquoi</u> Charlotte <u>s'approche-t-elle du trou</u> ?

Le samedi suivant, Charlotte aperçoit de drôles de véhicules jaunes : une pelle hydraulique, une grue, une excavatrice et deux camions-benne. <u>Intriguée,</u> Charlotte s'approche du trou immense creusé dans la terre glaiseuse. Le contremaître lui fait signe de s'éloigner car le terrain est très glissant. Devant la mine déconfite de Charlotte, l'homme à l'air bourru la rejoint. Il lui parle quelques minutes et lui propose de lui confier un petit boulot.

3. Peux-tu identifier <u>un élément</u> qui contribue <u>à protéger la tête</u> de Charlotte ?

Devant la mine déconfite de Charlotte, l'homme à l'air bourru la rejoint. Il lui parle quelques minutes et lui propose de lui confier un petit boulot. Maintenant <u>munie de son casque de sécurité,</u> Charlotte ramasse les clous ainsi que les débris éparpillés sur le terrain. Le temps passe vite et elle est fière de pouvoir rendre service à ses nouveaux amis.

4. <u>Quel effet le sourire</u> de Charlotte a-t-il <u>sur les travailleurs</u> ?

Les jours s'écoulent et les bâtiments s'élèvent tandis que le sourire de Charlotte <u>égaye</u> les samedis de ces travailleurs. Indispensable à l'équipe, elle devient sa mascotte.

Choisis dans la liste les mots appropriés pour compléter les phrases.

- alors que
- pendant que
- ainsi que
- comme
- parce que
- quand
- cependant
- puisque

1. Charlotte se rend à son terrain de jeu favori _pendant que ou alors que_ plusieurs hommes sont regroupés les uns près des autres et discutent.

2. Deux hommes mesurent un espace sur le terrain _pendant que ou alors que_ l'autre travailleur fait un appel sur son téléphone cellulaire.

3. _Comme, parce que ou puisque_ Charlotte est intriguée, elle s'approche du trou immense creusé dans la terre glaiseuse.

4. Le contremaître fait signe à Charlotte de s'éloigner _puisque ou parce que_ le terrain est très glissant.

5. Maintenant munie de son casque de sécurité, Charlotte ramasse les clous _ainsi que_ les débris éparpillés sur le terrain.

Dans chaque série de phrases, deux mots ont le même sens. On dit qu'ils sont synonymes. Encadre les adjectifs synonymes dans chaque série de phrases.

La première phrase peut servir de modèle.

1. Tout près de sa nouvelle maison se trouve un grand terrain vague. Charlotte s'amuse de temps à autre dans cet espace vacant.

2. Charlotte s'approche du trou immense creusé dans la terre glaiseuse. Le contremaître l'invite à s'éloigner de cette énorme cavité.

3. L'homme à l'air bourru rejoint Charlotte. Il l'aborde d'une manière brusque car il est préoccupé par sa sécurité. Il lui parle quelques minutes et lui propose de lui confier un petit boulot.

4. Charlotte est surprise quand elle aperçoit les véhicules jaunes. Intriguée, elle s'approche davantage.

5. Les travailleurs disent que Charlotte leur est essentielle car elle accomplit un excellent travail. Indispensable à l'équipe, elle devient sa mascotte.

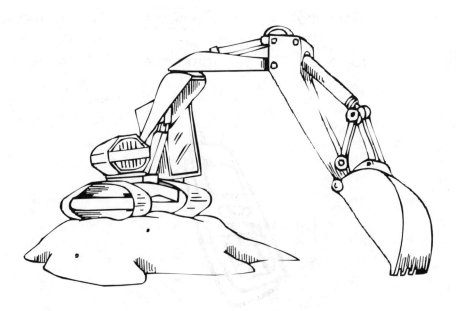

Encercle le mot qui est écrit de la bonne façon. Tu peux te servir de ton texte, bien entendu.

- amménagé   anménager   ☐ emménager ☐   amènager

- épparpilé   ☐ éparpillé ☐   éparpilé   épapillé

- ☐ conversation ☐   convertion   conversassion   convercation

- appercoit   apercoit   apperçoit   ☐ aperçoit ☐

- ☐ construction ☐   coustruction   constrution   construcsion

- véchicules   vihécules   ☐ véhicules ☐   véchicules

- celulaire   ☐ cellulaire ☐   celullaire   célulaire

- travalleurs   ☐ travailleurs ☐   traivalleurs   travaileurs

- imense   immanse   immence   ☐ immense ☐

- maitenant   mintenant   ☐ maintenant ☐   maintenent

- ☐ contremaître ☐   contre-maître   contremètre   contremaitre

- kilo-mètres   kilomaitre   ☐ kilomètres ☐   kilomaître

- ☐ ramasse ☐   ramace   rammasse   ramase

Place les mots de la liste dans la bonne maison des sons.

Avec une amie ou un ami, lis tous les mots regroupés dans chacune des maisons. Pratique coopérative (à tour de rôle).

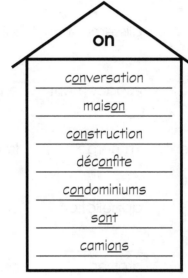

ou

regr<u>ou</u>pés
tr<u>ou</u>
b<u>ou</u>lot
s<u>ou</u>vent
n<u>ou</u>veaux
p<u>ou</u>voir
j<u>ou</u>er
cl<u>ou</u>s
n<u>ou</u>velle
s<u>ou</u>rire

on

c<u>on</u>versation
mais<u>on</u>
c<u>on</u>struction
déc<u>on</u>fite
c<u>on</u>dominiums
s<u>on</u>t
cami<u>on</u>s

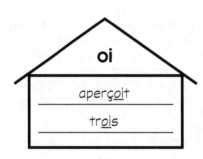

oi

aperç<u>oi</u>t
tr<u>oi</u>s

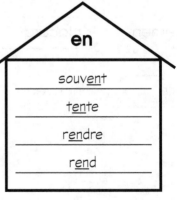

en

s<u>ou</u>v<u>en</u>t
t<u>en</u>te
r<u>en</u>dre
r<u>en</u>d

ai

cellul<u>ai</u>re
f<u>ai</u>t
f<u>ai</u>re
s<u>ai</u>sir

eu

dem<u>eu</u>re
glais<u>eu</u>se
cr<u>eu</u>sé
d<u>eu</u>x

aperç<u>oi</u>t	b<u>ou</u>lot	c<u>on</u>struction	regr<u>ou</u>pés
f<u>ai</u>re	n<u>ou</u>veaux	cl<u>ou</u>s	cellul<u>ai</u>re
mais<u>on</u>	p<u>ou</u>voir	r<u>en</u>dre	tr<u>oi</u>s
glais<u>eu</u>se	j<u>ou</u>er	s<u>on</u>t	tr<u>ou</u>
cr<u>eu</u>sé	r<u>en</u>d	dem<u>eu</u>re	s<u>ou</u>vent
t<u>en</u>te	n<u>ou</u>velle	c<u>on</u>versation	s<u>ai</u>sir
déc<u>on</u>fite	cami<u>on</u>s	f<u>ai</u>t	d<u>eu</u>x
c<u>on</u>dominiums	s<u>ou</u>rire	s<u>ou</u>v<u>en</u>t	

Encercle le mot qui n'est pas de la même famille que celui qui est encadré.

terrain	terre	terrasse	(terreur)	terreau
grand	grandeur	agrandir	(grange)	grandet
glissant	glisser	glissement	glissade	(glycérine)
espace	(espadon)	espacement	espacer	espacé
immense	immensément	(immergé)	immensité	immenses
appel	appeler	appellation	(apprendre)	appelant
drôles	drôlement	(droitier)	drôlerie	drôlette
emplacement	place	placer	placement	(placard)
nouvelle	nouveauté	nouvellement	(nourrir)	nouveau

Dans le texte, trouve six verbes conjugués et indique le groupe-sujet correspondant.

Groupe-sujet	Verbe
Charlotte	vient
Elle	habite
Un grand terrain vague	se trouve
Charlotte	se rend
Plusieurs hommes	sont regroupés
Plusieurs hommes	discutent

D'autres réponses peuvent être bonnes.

Dans le texte, repère six adjectifs qualificatifs.

nouvelle	seule
vague	jaunes
hydraulique	indispensable

D'autres réponses peuvent être bonnes.

Dans le texte, relève quatre noms masculins et quatre noms féminins.

Masculin	Féminin
parents	Charlotte
kilomètres	pelle
appel	terre
véhicules	excavatrice

D'autres réponses peuvent être bonnes.

Fais un X sur les mots où tu n'entends pas le son en .

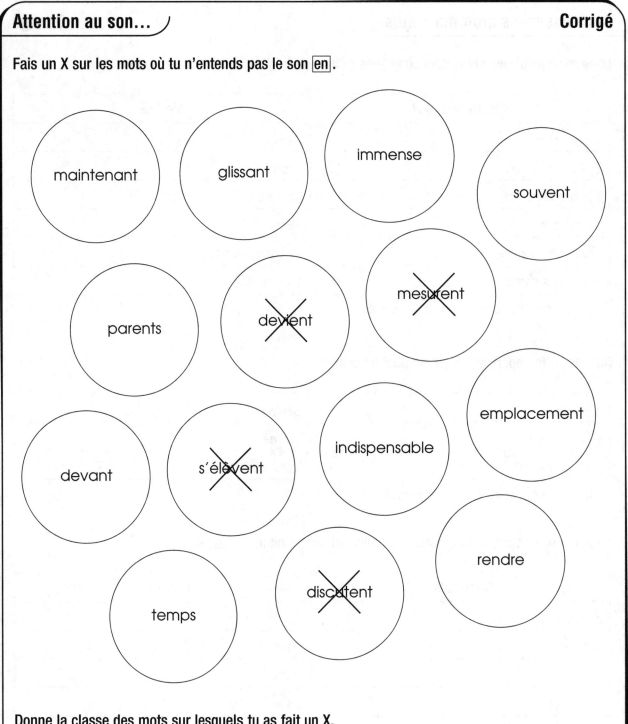

Donne la classe des mots sur lesquels tu as fait un X.

Mot	Classe
devient	verbe
mesurent	verbe
s'élèvent	verbe
discutent	verbe

Écris les indices de ponctuation et indique si la phrase est déclarative (D), interrogative (I) ou exclamative (E).

Charlotte se sent souvent seule et s'ennuie __.__   (D)

Charlotte se rend à son terrain de jeu favori parce que c'est samedi __.__   (D)

Qui a ramassé les clous et les débris éparpillés sur le terrain __?__   (I)

Un autre fait un appel sur son téléphone cellulaire __.__   (D)

Comme Charlotte est appréciée par les travailleurs __!__   (E)

Crois-tu que Charlotte est maintenant plus heureuse de vivre à Rimouski __?__   (I)

Quelle mascotte Charlotte est devenue __!__   (E)

Avec une ou un camarade, lis à voix haute chacune des phrases en utilisant l'intonation appropriée.

1. Il y a 750 kilomètres à parcourir entre Gatineau et Rimouski. À son retour à Gatineau, combien de kilomètres le camion de déménagement utilisé par Charlotte et ses parents aura-t-il parcourus?

   Le camion aura parcouru 1 500 kilomètres.

2. Pour aménager sa nouvelle chambre, Charlotte dispose d'un budget de 150 dollars. Elle souhaite acheter une lampe de chevet à 35 $, deux coussins à carreaux à 20 $ chacun et une affiche de son groupe musical préféré à 15 $. À la suite de tous ces achats, combien d'argent aura-t-elle dépensé? Combien lui restera-t-il?

   Elle a dépensé 90 $. Il lui reste 60 $.

3. Pour transporter la terre enlevée du terrain, l'entrepreneur a utilisé deux camions de grosseurs différentes. Le premier, pouvant transporter une charge de 15 tonnes, a fait 10 voyages. Le second camion, d'une capacité de 20 tonnes, a déplacé 600 tonnes de terre.

   Calcule le nombre total de tonnes de terre que les deux véhicules ont déplacées.

   Ils ont déplacé 750 tonnes de terre.

   Peux-tu trouver le nombre de voyages effectués par le second camion?

   Il a effectué 30 voyages.

   Cherche la différence entre les quantités de terre transportées par les deux camions.

   La différence est de 450 tonnes.

1. Le terrain vague où Charlotte s'amuse mesure 125 000 mètres de longueur sur 250 000 mètres de largeur. Peux-tu calculer le périmètre de cet immense terrain rectangulaire ?

    Le périmètre est de 750 000 mètres.

2. L'architecte qui a conçu les plans de cet immeuble a expliqué à Charlotte que tous les côtés de l'immeuble mesureront 60 mètres. Quelle sera la surface de l'immeuble ?

    La surface de l'immeuble sera de 3 600 mètres carrés.

3. Le père de Charlotte a construit le patio qui se trouve derrière leur nouvelle maison ainsi qu'un escalier de pierres pour s'y rendre. Peux-tu calculer le nombre de pierres qu'il a utilisées pour construire l'escalier ?

    Il a utilisé 30 pierres.

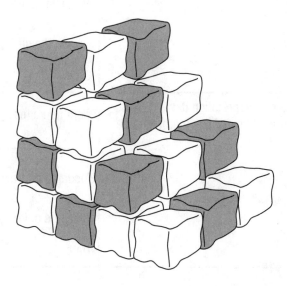

L'escalier de pierre

Nom : _____   Date : _____

Grille d'évaluation – Module d'apprentissage (texte narratif)

1. Les samedis de Charlotte

Composantes	Objectifs	Évaluation
Questions de compréhension Corrigé	• Lire et interpréter les questions. • Développer une compréhension en profondeur : littérale, inférentielle ou interprétative, critique et applicative. • Consolider les habiletés liées à la recherche d'informations dans une phrase ou un court paragraphe. • Apprendre à découvrir les mots clés.	Commentaires : _____ _____ Modalité de travail : 🪑 🪑🪑 ▦ ▦▦ Niveau d'aide : / // /// //// Date : _____
Faire le schéma du récit Corrigé	• Prédire le déroulement du récit. • Sélectionner les éléments importants. • Comprendre le texte dans son ensemble. • Soutenir le rappel du récit.	Commentaires : _____ _____ Modalité de travail : 🪑 🪑🪑 ▦ ▦▦ Niveau d'aide : / // /// //// Date : _____
Souligner les mots clés Corrigé	• Consolider les habiletés liées à la recherche d'informations dans une phrase ou un court paragraphe. • Sélectionner les informations.	Commentaires : _____ _____ Modalité de travail : 🪑 🪑🪑 ▦ ▦▦ Niveau d'aide : / // /// //// Date : _____
Les connecteurs de sens Corrigé	Consolider l'interprétation des connecteurs de sens, des marqueurs de relation.	Commentaires : _____ _____ Modalité de travail : 🪑 🪑🪑 ▦ ▦▦ Niveau d'aide : / // /// //// Date : _____

Légende :   🪑 fait seul   🪑🪑 fait en dyade   ▦ fait en équipe   ▦▦ fait en groupe-classe

/ seul   // avec un petit coup de pouce   /// avec un gros coup de main   //// difficultés même avec de l'aide

Composantes	Objectifs	Évaluation
Recherche de synonymes Corrigé	À partir d'un modelage, découvrir les mots porteurs du même sens en se servant des indices sémantiques (synonymes).	Commentaires : _____ _____ Modalité de travail : Niveau d'aide : / // /// //// Date : _____
Je repère le mot bien écrit Corrigé	• Développer et vérifier l'acquisition du code graphophonologique. • Développer la mémoire orthographique.	Commentaires : _____ _____ Modalité de travail : Niveau d'aide : / // /// //// Date : _____
Classification des sons Corrigé	• Reconnaître les graphies ciblées à l'intérieur d'une liste de mots. • Procéder à leur classification. • Développer l'habileté à lire rapidement.	Commentaires : _____ _____ Modalité de travail : Niveau d'aide : / // /// //// Date : _____
Mots intrus Corrigé	• Construire du sens à l'aide de stratégies appropriées en se servant des indices sémantiques et morphologiques du mot. • Comprendre le concept de mots de même famille. • Découvrir le mot qui n'a pas de parenté de sens avec le mot de référence.	Commentaires : _____ _____ Modalité de travail : Niveau d'aide : / // /// //// Date : _____
Connaissances grammaticales Corrigé	• Reconnaître le verbe conjugué. • Identifier le groupe-sujet. • Repérer les adjectifs qualificatifs. • Repérer les noms et nommer leur genre.	Commentaires : _____ _____ Modalité de travail : Niveau d'aide : / // /// //// Date : _____

Composantes	Objectifs	Évaluation
Attention au son... Corrigé	• Reconnaître les différentes graphies du son « en ». • Consolider la discrimination auditive du son « en ». • Induire la notion du verbe qui contient la graphie « en » mais non le son « en » à la 3ᵉ personne du pluriel (en/ent).	Commentaires : _____ _____ Modalité de travail : Niveau d'aide : / // /// //// Date : _____
Structure de phrases Corrigé	• Consolider la reconnaissance de phrases de type déclaratif, interrogatif ou exclamatif. • Repérer les indices de ponctuation. • Favoriser l'utilisation de l'intonation afin d'augmenter la compréhension et la fluidité en lecture.	Commentaires : _____ _____ Modalité de travail : Niveau d'aide : / // /// //// Date : _____
Un peu de mathématique Corrigé	• Lire et comprendre un problème mathématique. • Parvenir à une bonne représentation mentale du problème. • Dégager les mots importants et faire des liens appropriés. • Utiliser les techniques d'addition, de soustraction, de multiplication et de division.	Commentaires : _____ _____ Modalité de travail : Niveau d'aide : / // /// //// Date : _____
Un peu de géométrie Corrigé	• Développer une représentation visuelle. • Calculer le périmètre, la surface et le volume.	Commentaires : _____ _____ Modalité de travail : Niveau d'aide : / // /// //// Date : _____

Grille d'autorégulation

Titre du module d'apprentissage : _____

Nom de l'activité : _____

J'ai fait l'activité : **/** seul **//** avec un petit coup de pouce

/// avec un gros coup de main **////** difficultés même avec de l'aide

Ce que j'ai bien réussi : _____

Pourquoi ? _____

_____

Ce que j'ai aimé : _____

Pourquoi ? _____

_____

Ce que j'ai trouvé difficile : _____

Pourquoi ? _____

_____

Les stratégies (trucs) qui m'ont aidée ou aidé à faire l'activité : _____

_____

Ce que j'ai appris en faisant ce travail : _____

_____

Je pourrai me servir de ce que je viens d'apprendre quand...

_____

_____

Mon prochain défi : _____

_____

Mes commentaires : _____

_____

_____

_____

Notes de l'enseignante : _____

_____

_____

_____

2. Peur la nuit, peur le jour

Composantes	Processus	Objectifs
Communication écrite et orale	• Écrire des textes variés. • Communiquer oralement.	• Apprendre à structurer un texte. • Développer et organiser les idées. • Tenir compte du schéma du récit. • Développer l'idée du paragraphe. • Respecter le sujet proposé. • Apprendre à structurer les phrases. • Utiliser la constellation dans la recherche d'idées en communication orale. • Amener l'élève à découvrir le vocabulaire lui servant à nommer ses idées. • Utiliser des modalités différentes pour présenter des communications.
Je comprends le texte Corrigé	Macroprocessus en lecture	• Consolider les habiletés liées à la recherche d'informations dans une phrase ou un court paragraphe. • Lire et interpréter les questions. • Développer une compréhension en profondeur : littérale, inférentielle ou interprétative, critique et applicative. • Réagir en fonction de ses connaissances et de son vécu. • Apprendre à découvrir les mots clés.
Des groupes de mots à comprendre Corrigé	Microprocessus en lecture	• Consolider ses habiletés de microsélection. • Améliorer la compréhension du vocabulaire et des expressions figurées. • Comprendre l'essentiel d'une phrase.
Le bon mot pour le bon sentiment ★ ★★ Corrigé	Microprocessus en lecture	• Développer ses habiletés de microsélection. • Découvrir les sentiments derrière les énoncés. • Développer et raffiner une compréhension émotive.
Les adverbes Corrigé	• Microprocessus en lecture • Écrire des textes variés.	• Développer l'orthographe lexicale en ayant recours aux dérivés et aux familles lexicales. • Contribuer à l'accroissement et à l'enrichissement du vocabulaire. • Développer l'analyse morphologique (mots de la même famille).

Composantes	Processus	Objectifs
On change de temps Corrigé	Écrire des textes variés.	• Amener l'élève à identifier les verbes et leurs conjugaisons. • Reconnaître le verbe conjugué. • Identifier le groupe-sujet. • Connaître et utiliser le passé composé et l'imparfait.
Charades à résoudre (peut être fait en coopération) Corrigé	Microprocessus en lecture	• Améliorer sa compréhension. • Développer les capacités d'analyse et de synthèse. • Utiliser les indices sémantiques pour dégager le mot recherché.
Quel méli-mélo ! Corrigé	Microprocessus en lecture	• Consolider sa connaissance des mots. • Amener l'élève à reconstruire les mots en utilisant la structure du mot et en fusionnant les syllabes.
Un peu de mathématique Corrigé		• Lire et comprendre un problème mathématique. • Parvenir à une bonne représentation mentale du problème. • Dégager les mots importants et faire des liens appropriés. • Utiliser les techniques d'addition, de soustraction, de multiplication et de division. • Approfondir et appliquer la notion de pourcentage.

Peur la nuit... peur le jour !

Depuis trois mois, ma vie est un vrai cauchemar. En plus, je viens aujourd'hui de recevoir mon bulletin. Je suis en première année du troisième cycle ; avant on me disait en cinquième année. Ce soir, devant mes résultats, je ne sais même plus en quelle année on pourrait me classer. J'aimerais repartir de zéro. Existe-t-il une année zéro ? Devrai-je changer d'école, de pays ? N'importe quoi, n'importe où, j'y vais... !

Quand j'étais jeune, encore plus jeune, il m'arrivait d'entendre des bruits étranges le soir. Je me glissais sous les couvertures, je me cachais la figure dans mon ourson préféré afin de ne rien voir. Les lumières de la rue, les extraterrestres ne m'atteignaient plus. Je me croyais à l'abri dans la chaleur, l'obscurité.

Pourtant, tout à coup, un simple bruit, un craquement du plancher, ma chatte qui frôlait mon lit... et je me retrouvais aussitôt dans la chambre de mes parents. Ils en avaient tellement l'habitude qu'ils m'avaient installé un matelas par terre. Je n'avais qu'à y traîner ma couverture de bébé, mon oreiller et mon vieil ourson, pour m'endormir, enfin délivrée de la peur.

J'ai presque 12 ans et, ce soir, je voudrais retourner dans la chambre de mes parents.

Mon bulletin est un fiasco... ma vie aussi. Je perds mes amis, je vis échec sur échec. Les enseignants de mon école n'arrêtent pas de me critiquer. Je travaille mal, je passe par-dessus beaucoup de règlements, je me fâche pour un rien, je leur réponds. De plus, j'échange à peine deux mots avec mes parents. Quand ils me demandent si ça va... je leur réponds « oui ». Si ma journée s'est bien passée... Je réponds encore «oui». Et voilà, c'est la conversation que nous avons à la maison. Je tourne en rond et je suis de plus en plus triste.

Au début de l'année, tout allait bien. J'avais retrouvé des camarades de l'année dernière. D'autres, par contre, étaient nouveaux. Et puis, après un mois d'école, mes cauchemars ont recommencé. «Mais non, on ne rit pas de toi, on faisait une farce!», «Tu n'entends pas à rire, toi, la petite précieuse!», «Tout le monde maintenant a des broches, ce n'est pas de ta faute si tu as une bouche de lapin!», «Oh! La petite bolée brochée... ce que tu es intelligente, toi!», «Ferme ta bouche, tu n'es pas si intéressante!»

Et voilà, de récréation en récréation, je devenais la risée de mes «amis», la source de moqueries plus mesquines les unes que les autres. À peine trois semaines plus tard, ils s'en sont pris à mon amie. «Eh, la grosse, tu es nulle ou quoi?» Des moqueries de plus en plus blessantes lui étaient lancées sans arrêt.

Alors là, mes cauchemars sont devenus violents, ils me hantaient sans répit. Je n'arrêtais pas de pleurer, de rêver, de paniquer. Une nuit, je me suis retrouvée dans le corridor, à deux pas de la chambre de mes parents. J'aurais tellement voulu y trouver mon ancien matelas, y apporter mon oreiller, mon ourson et dormir enfin. Je suis revenue sur mes pas, je me suis couchée dans mon lit et j'ai pleuré sans pouvoir m'arrêter.

C'était mon amie qui se faisait ridiculiser et moi, encore une fois, je n'osais rien dire. J'avais déjà ma dose de moqueries mais je ne faisais rien pour elle. Moi, je me croyais capable de faire face à ce flot de paroles blessantes, mais je savais très bien que ça faisait horriblement souffrir mon amie.

Je crois qu'elle a craqué. Elle a commencé à rire d'elle-même, à se trouver ridicule. Elle a encore engraissé... pouf! Elle est devenue méchante avec moi. Elle me traitait de bolée et, en même temps, d'insignifiante.

Le mois passé, ses parents l'ont retirée de l'école. Je sais que, maintenant, elle est suivie par un professionnel de la santé et qu'elle est sous médication. Je crois que ses nerfs ont lâché, qu'elle est très déprimée. En vérité, je ne sais pas vraiment. Elle ne me téléphone plus. Je ne l'appelle plus. En réalité, je n'ai aucune nouvelle d'elle et pourtant, elle était ma meilleure amie.

Ce soir, j'ai reçu un bulletin pourri et je ne me reconnais plus. Je fais toujours des cauchemars à la pelle. Je n'ai pas encore eu le courage de parler à mon enseignant, de lui expliquer la situation, de lui demander de l'aide. Je n'ai pas encore eu le courage de discuter avec mes parents, de leur parler à cœur ouvert de mes problèmes, de leur demander de remettre un matelas par terre dans leur chambre pour que je puisse simplement dormir une nuit sans pleurer. Je n'ai pas encore eu le courage non plus de prendre des nouvelles de mon amie.

Je n'ai pas encore eu le courage… je suis sans courage.

Les comparaisons dégradantes, les surnoms, les intimidations, les moqueries, les humiliations, ce sont mes cauchemars de la nuit mais aussi de mes jours.

Hier soir, à la télévision, j'ai vu un reportage qui traitait, une fois de plus, des attentats du 11 septembre. On y voyait des familles brisées par la douleur car elles avaient perdu à jamais un être cher. Tout cela m'a fait réfléchir… Avant, je me disais que j'aurais aimé, soit pouvoir être capable de parler de mes problèmes avec une amie, une personne que j'aime, soit trouver une famille, une école, un pays, un monde où l'on peut recommencer à zéro. Maintenant, je me dis que cette deuxième solution n'est pas vraiment réalisable. Je sais, j'ai vu que le monde n'est pas meilleur ailleurs. De fait, il peut même être pire.

Je veux recommencer mon année à zéro. Je veux que mes cauchemars s'arrêtent. Je veux être capable de parler aux gens que j'aime. Je veux vivre ma vie avec des amies que j'aime, des amies que je respecte et qui me respectent. Je veux, je crois et j'espère que j'en aurai le courage.

Andrée

P.-S. : Et toi, as-tu connu une année que tu voudrais recommencer de zéro ? Toi, tu vis quoi dans ton école, dans ta vie ?

Communication écrite et orale

Et toi, as-tu connu une année que tu voudrais recommencer de zéro ? Toi, tu vis quoi dans ton école, dans ta vie ?

À partir d'une constellation de mots portant sur le thème de l'intimidation (voir exemple ci-dessous), choisis de répondre à l'une ou l'autre des propositions qui suivent.

- Présente oralement ta production écrite. Tu peux choisir ta forme de présentation (affiches, exposé oral, saynète, diaporama, etc.). Tu peux aussi décider, si tu parles du problème de l'intimidation en proposant des pistes de solution, d'en faire profiter l'école.

- Partage tes réflexions avec les autres élèves de l'école, par exemple en produisant des affiches ou en discutant avec des élèves d'autres classes.

- Écris une lettre au directeur ou à la directrice de ton école pour lui présenter tes pistes de solution.

- Conçois un projet d'aide avec une personne-ressource de ton école.

Exemple d'une constellation

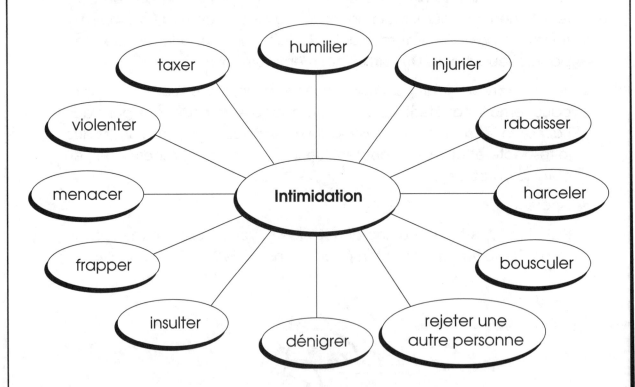

L'intimidation, c'est s'en prendre à une personne de façon répétée et malveillante.

Pour en savoir plus : http://www.tel-jeune.com

Je comprends le texte

Avec une amie ou un ami, peux-tu discuter du texte et répondre aux questions suivantes ?

1. De qui s'agit-il ?

_____

2. Quel événement amène Andrée à vouloir repartir de zéro ?

_____

3. Quelles peurs avait-elle plus jeune ?

_____

_____

4. Quelles solutions avait-elle trouvées ?

_____

_____

5. Elle a presque 12 ans, qu'est-ce qui ne va pas dans sa vie ?

_____

_____

_____

6. Que se passe-t-il de particulier pendant la récréation à l'école ?

_____

_____

7. Qu'est-il arrivé à son amie, finalement ?

_____

_____

8. D'après toi, pourquoi est-elle complètement découragée ?

_____

9. Qu'est-ce qui la pousse à vouloir faire quelque chose ?

_____

_____

10. Penses-tu qu'elle va s'en sortir ?

_____

_____

Des groupes de mots à comprendre

Peux-tu expliquer, avec tes mots, ce que veulent dire les groupes de mots suivants en tenant compte du sens du texte ?

1. Ma vie est un vrai cauchemar.

_____

2. Repartir de zéro

_____

3. Se glisser sous les couvertures

_____

4. Les extraterrestres ne m'atteignaient plus.

_____

_____

5. Mon bulletin est un fiasco.

_____

6. Je tourne en rond.

_____

7. Je passe par-dessus beaucoup de règlements.

_____

8. Des moqueries lancées sans arrêt

_____

9. Avoir ma dose de moqueries

_____

10. Elle a craqué.

_____

_____

11. Des cauchemars à la pelle

_____

12. Les cauchemars de mes jours

_____

_____

Le bon mot pour le bon sentiment

Repère, dans les banques de mots, le mot qui exprime le sentiment évoqué dans les énoncés suivants. Trouve aussi son antonyme (mot contraire). Place tes choix dans la bonne colonne.

Sentiment

- insécurité
- être peiné
- colère
- déception
- être rejeté
- être fermé
- détresse
- découragement

Antonyme

- être accepté
- espoir
- être joyeux
- fierté
- être ouvert
- sécurité
- paix, harmonie
- confiance

Énoncé	Sentiment	Antonyme
1. Depuis trois mois, ma vie est un vrai cauchemar.		
2. Je voudrais retourner dans la chambre de mes parents.		
3. Je vis échec sur échec.		
4. Je me fâche pour un rien.		
5. J'échange à peine deux mots avec mes parents.		
6. Je devenais la risée de mes amis.		
7. Je n'arrêtais pas de pleurer.		
8. Ce soir, j'ai reçu un bulletin pourri et je ne me reconnais plus.		

Le bon mot pour le bon sentiment

Repère, dans les banques de mots, le mot qui exprime le sentiment évoqué dans les énoncés suivants. Trouve aussi son antonyme (mot contraire). Place tes choix dans la bonne colonne.

Sentiment
- insécurité
- être rejeté
- être peiné
- être fermé
- colère
- détresse
- déception
- découragement

Antonyme
- être accepté
- être ouvert
- espoir
- sécurité
- être joyeux
- paix, harmonie
- fierté
- confiance

Énoncé	Sentiment	Antonyme
1. Depuis trois mois, ma vie est un vrai cauchemar.	détresse	
2. Je voudrais retourner dans la chambre de mes parents.	insécurité	
3. Je vis échec sur échec.	découragement	
4. Je me fâche pour un rien.	colère	
5. J'échange à peine deux mots avec mes parents.	être fermé	
6. Je devenais la risée de mes amis.	être rejeté	
7. Je n'arrêtais pas de pleurer.	Être peiné	
8. Ce soir, j'ai reçu un bulletin pourri et je ne me reconnais plus.	déception	

Les adverbes

Découvre les adverbes à partir des mots qui suivent :

1. première   _____

2. étrange   _____

3. chaleur   _____

4. habitude   _____

5. rond   _____

6. ami   _____

7. violent   _____

8. intelligent   _____

9. professionnel _____

10. méchant   _____

11. vrai   _____

12. courage   _____

On change de temps

Retranscris cette partie du texte en utilisant le passé composé.

Mon bulletin est un fiasco… ma vie aussi. Je perds mes amis, je vis échec sur échec. Les enseignants de mon école n'arrêtent pas de me critiquer. Je travaille mal, je passe par-dessus beaucoup de règlements, je me fâche pour un rien, je leur réponds. De plus, j'échange à peine deux mots avec mes parents.

_____

_____

_____

_____

_____

_____

_____

_____

Retranscris cette même partie en utilisant l'imparfait.

_____

_____

_____

_____

_____

_____

_____

_____

_____

Charades à résoudre

1. On obtient mon premier en soufflant sur de l'eau savonneuse.

    Mon deuxième est un assaisonnement apprécié.

    Mon tout est une communication écrite que tes parents reçoivent au sujet de ton cheminement scolaire.

    _____

2. Mon premier est un animal domestique.

    Mon deuxième est indiqué par la petite aiguille de l'horloge.

    Mon tout peut être synonyme de réconfort ou être relatif à la température.

    _____

3. Mon premier est le participe passé du verbe lire.

    Mon deuxième est une note de musique.

    Mon troisième est ce que tu respires.

    Mon tout peut varier en fonction de son intensité.

    _____

4. Mon premier est un instrument à vent.

    Mon deuxième est un aliment que les Asiatiques cultivent en abondance.

    Mon troisième est ce que tu fais généralement la nuit.

    Mon tout est le synonyme de couloir.

    _____

5. Mon premier est un appareil qui transmet des images.

    Mon deuxième est le mot plaisir en anglais.

    Mon tout est un appareil facilitant la communication entre les gens.

    _____

6. Mon premier est le contraire de la mort.

    Mon deuxième coule dans la rivière.

    Mon troisième est associé à la tortue.

    Mon tout est un adjectif qui décrit certains comportements typiques de l'intimidation.

    _____

Quel méli-mélo !

Reconstruis les mots du texte en replaçant les syllabes dans le bon ordre.

1. | che | cau | mar | _____

2. | tat | sul | ré | _____

3. | re | cou | tu | ver | _____

4. | ri | té | cu | sé | _____

5. | te | ment | grat | _____

6. | sei | en | gnant | _____

7. | ponds | ré | _____

8. | ma | las | te | _____

9. | sa | con | ver | tion | _____

10. | ment | gle | rè | _____

11. | di | li | cu | ser | ri | _____

12. | tel | gent | li | in | _____

13. | com | re | cer | men | _____

14. | rie | que | mo | _____

15. | ser | en | grais | _____

16. | ca | mé | di | tion | _____

17. | si | fi | in | an | gni | te | _____

18. | dan | te | dé | gra | _____

19. | mi | tion | in | ti | da | _____

20. | a | li | tion | hu | mi | _____

Un peu de mathématique

Trouve la solution à ces problèmes en supposant, chaque fois, qu'il s'agit d'une école qui accueille 630 élèves.

1. Selon des études récentes, 40 % des enfants qui sont victimes d'intimidation n'en parlent pas à un adulte. Combien cela fait-il d'élèves qui ne disent rien ?

   _____

2. Si 567 élèves affirment juger désagréable d'être témoin de scènes d'intimidation, quel pourcentage cela fait-il pour cette école ?

   _____

3. Une étude sur les écoles de Toronto démontre qu'un ou une élève y est victime d'intimidation toutes les 7 secondes. Calcule le nombre de gestes d'intimidation qui peuvent se produire pendant une période de 5 heures.

   _____

4. À la suite des mesures spéciales prises dans cette école pour combattre le phénomène de l'intimidation, on a constaté une baisse significative des plaintes à ce sujet. Jusqu'à présent, il y a eu diminution du quart des gestes d'intimidation mentionnés au point 3. Peux-tu trouver le nombre que représente cette baisse ?

   _____

Avec une amie ou un ami, peux-tu discuter du texte et répondre aux questions suivantes ?

1. De qui s'agit-il ?

Il s'agit d'une fille qui se nomme Andrée.

2. Quel événement amène Andrée à vouloir repartir de zéro ?

Ses piètres résultats scolaires l'amènent à vouloir repartir à zéro.

3. Quelles peurs avait-elle plus jeune ?

Elle avait peur des bruits étranges le soir. Elle avait également peur des lumières de la rue

et des extraterrestres.

4. Quelles solutions avait-elle trouvées ?

Elle se glissait sous les couvertures, se cachait la figure dans son ourson pour ne rien voir.

Elle allait se coucher dans la chambre de ses parents.

5. Elle a presque 12 ans, qu'est-ce qui ne va pas dans sa vie ?

Son bulletin est un fiasco. Elle perd ses amis, les enseignants la critiquent. Elle travaille

mal, ne suit plus les règlements, se fâche et leur répond . Elle n'a plus de conversation

avec ses parents.

6. Que se passe-t-il de particulier pendant la récréation à l'école ?

Pendant la récréation, elle est la risée de tous, la source de moqueries, on lui crie

des noms.

7. Qu'est-il arrivé à son amie, finalement ?

Les élèves qui se moquaient d'Andrée s'en sont pris également à son amie et elle n'a rien

fait pour lui venir en aide.

8. D'après toi, pourquoi est-elle complètement découragée ?

Plusieurs réponses sont possibles.

9. Qu'est-ce qui la pousse à vouloir faire quelque chose ?

Elle a vu un reportage à la télé sur les familles qui ont perdu un être cher lors des

attentats du 11 septembre. Le monde n'est pas meilleur ailleurs.

10. Penses-tu qu'elle va s'en sortir ?

Selon l'élève.

Peux-tu expliquer, avec tes mots, ce que veulent dire les groupes de mots suivants en tenant compte du sens du texte ?

1. Ma vie est un vrai cauchemar.

Ma vie n'est pas drôle.

2. Repartir de zéro

Vouloir tout recommencer.

3. Se glisser sous les couvertures

Se couvrir avec les couvertures.

4. Les extraterrestres ne m'atteignaient plus.

Les extraterrestres ne pouvaient plus me toucher, m'attraper... Je ne m'inventais plus de

nouvelles peurs.

5. Mon bulletin est un fiasco.

Mon bulletin ne présente que de mauvaises notes.

6. Je tourne en rond.

Je suis incapable de faire quoi que ce soit.

7. Je passe par-dessus beaucoup de règlements.

Il y a plusieurs règlements que je ne respecte pas.

8. Des moqueries lancées sans arrêt

Des moqueries qui me sont dites très souvent.

9. Avoir ma dose de moqueries

J'en ai assez que l'on me crie toujours des noms.

10. Elle a craqué.

Elle est découragée, elle n'en peut plus.

11. Des cauchemars à la pelle

Faire beaucoup de cauchemars.

12. Les cauchemars de mes jours

Même durant le jour, je fais de mauvais rêves. J'ai des pensées morbides.

N.B. : D'autres réponses sont acceptables.

Repère, dans les banques de mots, le mot qui exprime le sentiment évoqué dans les énoncés suivants. Trouve aussi son antonyme (mot contraire). Place tes choix dans la bonne colonne.

Sentiment

- insécurité
- être rejeté
- être peiné
- être fermé
- colère
- détresse
- déception
- découragement

Antonyme

- être accepté
- être ouvert
- espoir
- sécurité
- être joyeux
- paix, harmonie
- fierté
- confiance

Énoncé	Sentiment	Antonyme
1. Depuis trois mois, ma vie est un vrai cauchemar.	détresse	espoir
2. Je voudrais retourner dans la chambre de mes parents.	insécurité	sécurité
3. Je vis échec sur échec.	découragement	confiance
4. Je me fâche pour un rien.	colère	paix, harmonie
5. J'échange à peine deux mots avec mes parents.	être fermé	être ouvert
6. Je devenais la risée de mes amis.	être rejeté	être accepté
7. Je n'arrêtais pas de pleurer.	être peiné	être joyeux
8. Ce soir, j'ai reçu un bulletin pourri et je ne me reconnais plus.	déception	fierté

Découvre les adverbes à partir des mots qui suivent:

1. première   premièrement

2. étrange   étrangement

3. chaleur   chaleureusement

4. habitude   habituellement

5. rond   rondement

6. ami   amicalement

7. violent   violemment

8. intelligent   intelligemment

9. professionnel   professionnellement

10. méchant   méchamment

11. vrai   vraiment

12. courage   courageusement

Retranscris cette partie du texte en utilisant le passé composé.

Mon bulletin est un fiasco... ma vie aussi. Je perds mes amis, je vis échec sur échec. Les enseignants de mon école n'arrêtent pas de me critiquer. Je travaille mal, je passe par-dessus beaucoup de règlements, je me fâche pour un rien, je leur réponds. De plus, j'échange à peine deux mots avec mes parents.

Mon bulletin a été un fiasco... ma vie aussi. J'ai perdu mes amis, j'ai vécu échec sur échec. Les enseignants de mon école n'ont pas arrêté de me critiquer. J'ai mal travaillé, je suis passée par-dessus beaucoup de règlements, je me suis fâchée pour un rien, je leur ai répondu. De plus, j'ai échangé à peine deux mots avec mes parents.

Retranscris cette même partie en utilisant l'imparfait.

Mon bulletin était un fiasco... ma vie aussi. Je perdais mes amis, je vivais échec sur échec. Les enseignants de mon école n'arrêtaient pas de me critiquer. Je travaillais mal, je passais par-dessus beaucoup de règlements, je me fâchais pour un rien, je leur répondais. De plus, j'échangeais à peine deux mots avec mes parents.

1. On obtient mon premier en soufflant sur de l'eau savonneuse.

   Mon deuxième est un assaisonnement apprécié.

   Mon tout est une communication écrite que tes parents reçoivent au sujet de ton cheminement scolaire.

   bulletin
   _____

2. Mon premier est un animal domestique.

   Mon deuxième est indiqué par la petite aiguille de l'horloge.

   Mon tout peut être synonyme de réconfort ou être relatif à la température.

   chaleur
   _____

3. Mon premier est le participe passé du verbe lire.

   Mon deuxième est une note de musique.

   Mon troisième est ce que tu respires.

   Mon tout peut varier en fonction de son intensité.

   lumière
   _____

4. Mon premier est un instrument à vent.

   Mon deuxième est un aliment que les Asiatiques cultivent en abondance.

   Mon troisième est ce que tu fais généralement la nuit.

   Mon tout est le synonyme de couloir.

   corridor
   _____

5. Mon premier est un appareil qui transmet des images.

   Mon deuxième est le mot plaisir en anglais.

   Mon tout est un appareil facilitant la communication entre les gens.

   téléphone
   _____

6. Mon premier est le contraire de la mort.

   Mon deuxième coule dans la rivière.

   Mon troisième est associé à la tortue.

   Mon tout est un adjectif qui décrit certains comportements typiques de l'intimidation.

   violent
   _____

Reconstruis les mots du texte en replaçant les syllabes dans le bon ordre.

1. | che | cau | mar |　　　　cauchemar

2. | tat | sul | ré |　　　　résultat

3. | re | cou | tu | ver |　　　　couverture

4. | ri | té | cu | sé |　　　　sécurité

5. | te | ment | grat |　　　　grattement

6. | sei | en | gnant |　　　　enseignant

7. | ponds | ré |　　　　réponds

8. | ma | las | te |　　　　matelas

9. | sa | con | ver | tion |　　　　conversation

10. | ment | gle | rè |　　　　règlement

11. | di | li | cu | ser | ri |　　　　ridiculiser

12. | tel | gent | li | in |　　　　intelligent

13. | com | re | cer | men |　　　　recommencer

14. | rie | que | mo |　　　　moquerie

15. | ser | en | grais |　　　　engraisser

16. | ca | mé | di | tion |　　　　médication

17. | si | fi | in | an | gni | te |　　　　insignifiante

18. | dan | te | dé | gra |　　　　dégradante

19. | mi | tion | in | ti | da |　　　　intimidation

20. | a | li | tion | hu | mi |　　　　humiliation

Trouve la solution à ces problèmes en supposant, chaque fois, qu'il s'agit d'une école qui accueille 630 élèves.

1. Selon des études récentes, 40 % des enfants qui sont victimes d'intimidation n'en parlent pas à un adulte. Combien cela fait-il d'élèves qui ne disent rien ?
    252 élèves

2. Si 567 élèves affirment juger désagréable d'être témoin de scènes d'intimidation, quel pourcentage cela fait-il pour cette école ?
    90 %

3. Une étude sur les écoles de Toronto démontre qu'un ou une élève y est victime d'intimidation toutes les 7 secondes. Calcule le nombre de gestes d'intimidation qui peuvent se produire pendant une période de 5 heures.
    2100 gestes d'intimidation en 5 heures dans les écoles de Toronto

4. À la suite des mesures spéciales prises dans cette école pour combattre le phénomène de l'intimidation, on a constaté une baisse significative des plaintes à ce sujet. Jusqu'à présent, il y a eu diminution du quart des gestes d'intimidation mentionnés au point 3. Peux-tu trouver le nombre que représente cette baisse ?
    525 gestes de moins

Grille d'évaluation – Module d'apprentissage (texte narratif)

2. Peur la nuit, peur le jour

Composantes	Objectifs	Évaluation
Communication écrite et orale	• Apprendre à structurer un texte. • Développer et organiser les idées. • Tenir compte du schéma du récit. • Développer l'idée du paragraphe. • Respecter le sujet proposé. • Apprendre à structurer les phrases. • Utiliser la constellation dans la recherche d'idées en communication orale. • Amener l'élève à découvrir le vocabulaire lui servant à nommer ses idées. • Utiliser des modalités différentes pour présenter des communications.	Commentaires : _____ _____ Modalité de travail : Niveau d'aide : / // /// //// Date : _____
Je comprends le texte Corrigé	• Consolider les habiletés liées à la recherche d'informations dans une phrase ou un court paragraphe. • Lire et interpréter les questions. • Développer une compréhension en profondeur : littérale, inférentielle ou interprétative, critique et applicative. • Réagir en fonction de ses connaissances et de son vécu. • Apprendre à découvrir les mots clés.	Commentaires : _____ _____ Modalité de travail : Niveau d'aide : / // /// //// Date : _____
Des groupes de mots à comprendre Corrigé	• Consolider ses habiletés de microsélection. • Améliorer la compréhension du vocabulaire et des expressions figurées. • Comprendre l'essentiel d'une phrase.	Commentaires : _____ _____ Modalité de travail : Niveau d'aide : / // /// //// Date : _____

Légende : fait seul   fait en dyade   fait en équipe   fait en groupe-classe

/ seul // avec un petit coup de pouce /// avec un gros coup de main //// difficultés même avec de l'aide

Nom : _____   Date : _____

Composantes	Objectifs	Évaluation
Le bon mot pour le bon sentiment ★ ★★ Corrigé	• Développer ses habiletés de microsélection. • Découvrir les sentiments derrière les énoncés. • Développer et raffiner une compréhension émotive.	Commentaires : _____ _____ Modalité de travail : Niveau d'aide : / // /// //// Date : _____
Les adverbes Corrigé	• Développer l'orthographe lexicale en ayant recours aux dérivés et aux familles lexicales. • Contribuer à l'accroissement et à l'enrichissement du vocabulaire. • Développer l'analyse morphologique (mots de la même famille).	Commentaires : _____ _____ Modalité de travail : Niveau d'aide : / // /// //// Date : _____
On change de temps Corrigé	• Amener l'élève à identifier les verbes et leurs conjugaisons. • Reconnaître le verbe conjugué. • Identifier le groupe-sujet. • Connaître et utiliser le passé composé et l'imparfait.	Commentaires : _____ _____ Modalité de travail : Niveau d'aide : / // /// //// Date : _____
Charades à résoudre (peut être fait en coopération) Corrigé	• Améliorer sa compréhension. • Développer les capacités d'analyse et de synthèse. • Utiliser les indices sémantiques pour dégager le mot recherché.	Commentaires : _____ _____ Modalité de travail : Niveau d'aide : / // /// //// Date : _____
Quel méli-mélo ! Corrigé	• Consolider sa connaissance des mots. • Amener l'élève à reconstruire les mots en utilisant la structure du mot et en fusionnant les syllabes.	Commentaires : _____ _____ Modalité de travail : Niveau d'aide : / // /// //// Date : _____

Composantes	Objectifs	Évaluation
Un peu de mathématique Corrigé	• Lire et comprendre un problème mathématique. • Parvenir à une bonne représentation mentale du problème. • Dégager les mots importants et faire des liens appropriés. • Utiliser les techniques d'addition, de soustraction, de multiplication et de division. • Approfondir et appliquer la notion de pourcentage.	Commentaires : _____ _____ Modalité de travail : Niveau d'aide : Date : _____

Nom : _____   Date : _____

Grille d'autorégulation

Titre du module d'apprentissage : _____

Nom de l'activité : _____

J'ai fait l'activité : **/** seul **//** avec un petit coup de pouce

/// avec un gros coup de main **////** difficultés même avec de l'aide

Ce que j'ai bien réussi : _____

Pourquoi ? _____

_____

Ce que j'ai aimé : _____

Pourquoi ? _____

_____

Ce que j'ai trouvé difficile : _____

Pourquoi ? _____

_____

Les stratégies (trucs) qui m'ont aidée ou aidé à faire l'activité : _____

_____

Ce que j'ai appris en faisant ce travail : _____

_____

Je pourrai me servir de ce que je viens d'apprendre quand...

_____

_____

Mon prochain défi : _____

_____

Mes commentaires : _____

_____

_____

_____

Notes de l'enseignante : _____

_____

_____

_____

3. Prendre son envol en jouant

Composantes	Processus	Objectifs
Questions interprétatives avant la lecture du texte	Communication orale	• Développer le processus d'élaboration. • Amener l'élève à exprimer ses sentiments, sa créativité.
Au fil des ans (peut être fait en coopération) Corrigé	Macroprocessus, microprocessus et processus d'intégration en lecture	• Repérer les informations. • Regrouper les informations sélectionnées. • Dégager les éléments inférentiels et les interpréter.
Fais la liste Corrigé	Microprocessus en lecture	• Écrire des textes variés. • Repérer les informations dans le texte. • Développer l'habileté à trouver l'infinitif des verbes.
Des mots importants Corrigé	Microprocessus en lecture	Amener l'élève à améliorer sa compréhension en dégageant les mots clés.
Cherche et recherche Corrigé	Microprocessus en lecture	• Améliorer sa compréhension du vocabulaire. • Utiliser le sens du contexte pour trouver la signification des mots. • Développer des techniques de recherche dans le dictionnaire.
Expressions à traduire ★ ★★ Corrigé	Processus d'intégration en lecture	• Améliorer son interprétation des connecteurs de sens. • Améliorer sa compréhension en lecture.
Quelques devinettes Corrigé	Microprocessus en lecture	• Développer les capacités d'analyse et de synthèse afin de construire du sens. • Utiliser les indices sémantiques pour dégager le mot recherché.
Lire par groupes de mots Corrigé	Microprocessus en lecture	• Développer la fluidité en lecture. • Utiliser la technique des hachures pour améliorer l'habileté à lire par groupes de mots significatifs.

▼

Composantes	Processus	Objectifs
Le « e » qui change de son ★ ★★ Corrigé	Microprocessus en lecture	• Développer davantage les mécanismes d'identification des mots. • Consolider le code graphophonétique.
Syllabes orales et écrites Corrigé	Microprocessus en lecture	• Développer davantage les mécanismes d'identification des mots. • Consolider l'habileté de segmentation à l'oral et à l'écrit et comparer les résultats obtenus.
Consonnes et voyelles… un vrai casse-tête![1] ★ ★★ ★★★ Corrigé	Microprocessus en lecture	• Développer davantage les mécanismes d'identification des mots. • Consolider la connaissance des structures syllabiques et intrasyllabiques.
Mots de la même famille Corrigé	Microprocessus en lecture	Recourir aux indices morphologiques pour découvrir des mots de la même famille.
Encore des verbes Corrigé	Écrire des textes variés.	• Améliorer sa connaissance des verbes. • Repérer des verbes conjugués et trouver leur infinitif.
Des homophones Corrigé	Écrire des textes variés.	Mettre en application ses connaissances des homophones « a, as, à ».
Oups! La ponctuation et les majuscules ★ ★★ Corrigé par le texte	Écrire des textes variés.	• Améliorer ses structures de phrases. • Utiliser adéquatement la ponctuation et les majuscules pour effectuer le découpage syntaxique.

1. Il est à noter que cet exercice vise à favoriser chez les élèves une prise de conscience des diverses structures des mots dans le but de faciliter la recherche de mots dans le dictionnaire. D'un point de vue d'analyse phonologique, cet exercice serait tout à fait différent.

Prendre son envol en jouant

Qu'aurait été ton enfance sans les jouets ? Essaie d'imaginer…

Savais-tu que les jouets ont toujours existé ? Même au temps des cavernes, les enfants s'amusaient avec des jouets : des roches polies, des coquillages, des figurines sculptées dans des ossements d'animaux. À cette époque, les mamans avaient aussi besoin de temps pour remplir diverses besognes. Et c'est l'une des raisons pour lesquelles le jouet est né… De plus, il contribuait à faire évoluer l'enfant, tout comme aujourd'hui.

C'est par l'ouïe et par le toucher que le bébé nouveau-né établit son premier contact avec le monde. Savais-tu que, lorsque tu jouais avec ton hochet et que tu étais fascinée ou fasciné par le manège musical qui tournait au-dessus de ta tête, tu apprenais ? Tu apprenais qu'il y avait des sons et des bruits différents, que les objets avaient des textures diverses, que ton ourson en peluche était plus doux au toucher que ton hochet en plastique. Tu apprenais aussi que les jouets peuvent effectuer divers mouvements. Alors que ton mobile tournait, tu secouais ton hochet et tu pleurais énormément quand il tombait par terre… il venait de disparaître, il n'existait plus.

Tu as grandi et tu as découvert de nouveaux jouets. Parce que tu voulais bouger un peu plus et que tu étais très curieuse ou curieux, tu as commencé à te déplacer davantage et à toucher à tout. Tu en as ouvert des portes d'armoire pour jouer avec les casseroles, les contenants en plastique et les ustensiles… C'était l'époque des petits dégâts quand tu t'amusais à faire tomber le jus d'orange sur le plancher en t'imaginant aller y pêcher un petit poisson.

Les mois ont passé et tu as appris à marcher et à grimper. Tu avais le goût du risque et cela t'a valu bien des éraflures... C'est en poussant des jouets montés sur roues que tu as appris à garder l'équilibre pour mieux marcher et commencer à courir. Tu as poursuivi ton ballon, ta voiturette ou ton gros chat. Tu as empilé des cubes, tu as construit de beaux châteaux de sable, tu as inventé des recettes et créé des plats peu invitants. Tu as connu bien des changements même si tu dors encore avec ton jouet préféré.

Tu deviens experte ou expert dans les jeux car tu t'amuses de plus en plus avec les amies de la garderie, avec ton frère ou ta sœur, avec papa ou maman. Les jeux de société occupent une grande partie de ton temps. Tu joues au lego, aux cartes, aux dominos et tu continues à apprécier tes camions, tes petites autos. D'autres préfèrent garnir leur panier d'épicerie ou promener leur poupée en landau. Il y a des moments où tu ne penses plus qu'à enfiler tes patins ou à glisser en traîneau. Lorsque tu te retrouves seule ou seul, tu prends plaisir à faire des casse-tête ou à peindre des chefs-d'œuvre à la gouache. Ton vélo, ta trottinette et ta planche à roulettes te permettent d'explorer les rues de ton voisinage, sous le regard avisé de papa et maman.

Pendant ce temps, tu deviens habile à manipuler des manettes de jeux vidéo et les émissions à la télé meublent une partie de ton temps. Tu raffines de plus en plus la signature de tes peintures et de tes dessins. Mais tout au long de ton enfance, tu réclames ton histoire préférée avant d'aller te coucher. Bientôt, tout comme le cerf-volant, tu prendras un nouvel envol.

À ton entrée à la maternelle, tu savais déjà tant de choses! Tu étais prête ou prêt à apprendre encore et à te faire de nouveaux amis. Tes jouets et tes jeux t'ont permis de grandir et te le permettent encore. Parce que tes jeux se font de plus en plus avec les autres, tu apprends beaucoup d'eux.

Maintenant que tu as compris à quel point les jeux et les jouets avaient favorisé ton développement, tu sais également qu'il en sera ainsi tout au long de ta vie... Peux-tu imaginer t'en passer?

Questions interprétatives avant la lecture du texte

Choisis trois questions qui t'intéressent et réponds-y oralement.

1. Qu'aurait été ton enfance sans les jouets ?

2. Qu'aurais-tu fait pendant la journée si tu n'avais pas eu de jouets ?

3. Aurais-tu pu en inventer ? Donne-moi le nom de deux d'entre eux et décris-les. Représente-les (dessin, sculpture, maquette, etc.).

4. Quels sont maintenant tes jouets préférés ? Dis-moi ce qu'ils t'apportent.

5. Que ferais-tu de tes temps libres si tu n'avais pas tes jouets préférés ?

6. Penses-tu qu'il serait préférable pour toi, ta vie de famille, ta santé ou tes apprentissages de vivre sans tes jouets préférés ?

Au fil des ans

À partir du texte, peux-tu remplir le tableau suivant en indiquant comment ou avec quoi tu jouais ? S'il y a lieu, indique aussi ce que cette activité te permettait d'apprendre.

Âge	Jouet, jeu ou activité	Apprentissage
Bébé		
Six mois et plus		
Un an et plus		
Quatre ans et plus		

Fais la liste

Fais la liste de tous les jeux ou activités mentionnés dans le texte. Ensuite, complète-la avec ceux qui ont fait partie de ta vie et que nous avons oubliés. Utilise des verbes à l'infinitif pour répondre.

Exemple : Jouer avec un hochet.

Les jeux dont on parle dans le texte	Les jeux de ma vie

Des mots importants

Trouve les mots clés dans les phrases suivantes et souligne-les.

1. C'est par l'ouïe et par le toucher que le bébé nouveau-né établit son premier contact avec le monde.

2. Parce que tu voulais bouger un peu plus et que tu étais très curieuse ou curieux, tu as commencé à te déplacer davantage et à toucher à tout.

3. C'était l'époque des petits dégâts quand tu t'amusais à faire tomber le jus d'orange sur le plancher en t'imaginant aller y pêcher un petit poisson.

4. C'est en poussant des jouets montés sur roues que tu as appris à garder l'équilibre pour mieux marcher et commencer à courir.

5. Ton vélo, ta trottinette et ta planche à roulettes te permettent d'explorer les rues de ton voisinage, sous le regard avisé de papa et maman.

6. À ton entrée à la maternelle, tu savais déjà tant de choses ! Tu étais prête ou prêt à apprendre encore et à te faire de nouveaux amis.

Cherche et recherche

En te référant au texte, cherche le sens de ces mots. Donne leur équivalent dans tes propres mots ou utilise ton dictionnaire pour trouver leur sens.

polies _____

_____

figurines _____

_____

évoluer _____

_____

l'ouïe _____

_____

fasciné _____

_____

texture _____

_____

casserole _____

_____

époque _____

_____

éraflure _____

_____

voiturette _____

_____

empilé _____

_____

peu invitant _____

chef-d'œuvre _____

_____

manipuler _____

_____

tu raffines _____

Expressions à traduire

Peux-tu retrouver dans le texte une autre manière de dire ces mots ou ces expressions ?

Pendant la préhistoire, au tout début	
En ce temps-là	
C'est à cause de	
De la même manière qu'aujourd'hui	
À cause de, étant donné que	
C'était le temps, c'était l'âge	
Certains préfèrent	
Il y a des temps, des périodes	
Quand	
En même temps	
Prochainement, dans peu de temps	
À ton arrivée, à tes débuts à l'école	
Désormais, à présent que	
Tu sais aussi, tu sais pareillement	

Expressions à traduire

Peux-tu trouver le sens de ces mots ou de ces expressions ?

Même au temps des cavernes	_____
À cette époque	_____
C'est pourquoi	_____
Tout comme aujourd'hui	_____
Parce que	_____
C'était l'époque	_____
D'autres préfèrent	_____
Il y a des moments	_____
Lorsque	_____
Pendant ce temps	_____
Bientôt	_____
À ton entrée à la maternelle	_____
Maintenant que	_____
Tu sais également	_____

Quelques devinettes

Dans le texte, trouve le mot qui correspond aux définitions suivantes.

1. Mettre l'un par-dessus l'autre. Placer des blocs ou des cubes pour former une tour :

_____

2. Très petites poupées, personnages qui sont représentés avec de petites figures :

_____

3. Plusieurs années auparavant, un siècle, un moment de la vie :

_____

4. Aussi, de même façon, autant :

_____

5. Toutes sortes de tissus ou de matières que l'on touche :

_____

6. Aimer, préférer :

_____

7. Récipient, contenant pour faire cuire :

_____

Lire par groupes de mots

Exerce-toi à lire le premier paragraphe en groupes de mots. Par la suite, sépare le deuxième paragraphe en utilisant le même moyen.

Tu as grandi / et tu as découvert / de nouveaux jouets. / Parce que tu voulais bouger un peu plus / et que tu étais très curieuse ou curieux, / tu as commencé / à te déplacer davantage / et à toucher à tout. / Tu en as ouvert / des portes d'armoires / pour jouer avec les casseroles, /les contenants en plastique / et les ustensiles… / C'était l'époque des petits dégâts / quand tu t'amusais / à faire tomber le jus d'orange / sur le plancher / en t'imaginant aller y pêcher / un petit poisson./

Les mois ont passé et tu as appris à marcher et à grimper. Tu avais le goût du risque et cela t'a valu bien des éraflures… C'est en poussant des jouets montés sur roues que tu as appris à garder l'équilibre pour mieux marcher et commencer à courir. Tu as poursuivi ton ballon, ta voiturette ou ton gros chat. Tu as empilé des cubes, tu as construit de beaux châteaux de sable, tu as inventé des recettes et créé des plats peu invitants. Tu as connu bien des changements même si tu dors encore avec ton jouet préféré.

Le « e » qui change de son

As-tu déjà remarqué que la lettre « e » change de son selon les mots ? Nous te proposons un exercice pour le découvrir et pour apprendre à classer les sons les plus fréquents produits par la lettre « e ».

1. Classe les mots suivants dans la bonne colonne. Le son « e » devient le son « è ».

caverne	explorer	recette	maternelle	manège	découvert
prêt	texture	divers	très	hochet	voiturette
diverses	nouvel	jouet	existé	ouvert	expert
quel	frère	permettait	existait	casse-tête	cette

el	et	ex	er	è	ê

2. Le son « e » qui devient le son « é ». Classe les mots suivants dans la catégorie de son à laquelle ils appartiennent.

premier	fasciné	et	toucher	évoluer	différente
était	énormément	bouger	équilibre	plancher	marcher
panier					

er	é	et

3. Peux-tu maintenant nommer les catégories de mots que tu as trouvées et qui finissent par « er » ?

_____

_____

Le « e » qui change de son

As-tu déjà remarqué que la lettre « e » change de son selon les mots ? Nous te proposons un exercice pour le découvrir et pour apprendre à classer les sons les plus fréquents produits par la lettre « e ».

1. Classe les mots suivants dans la bonne colonne. Le son « e » devient le son « è ». Écris les catégories de son en haut de chaque colonne.

caverne	explorer	recette	maternelle	manège	découvert
prêt	texture	divers	très	hochet	voiturette
diverses	nouvel	jouet	existé	ouvert	expert
quel	frère	permettait	existait	casse-tête	cette

2. Le son « e » qui devient le son « é ». Classe les mots suivants dans la catégorie de son à laquelle ils appartiennent.

premier	fasciné	et	toucher	évoluer	différente
était	énormément	bouger	équilibre	plancher	marcher
panier					

3. Peux-tu maintenant nommer les catégories de mots que tu as trouvées et qui finissent par « er » ?

_____

Nom: _____   Date: _____

Syllabes orales et écrites

Peux-tu découper les mots suivants en syllabes orales et écrites ?

	À l'oral	À l'écrit
Exemple : enfance	en/fance	en/fan/ce
toujours		
cavernes		
amusaient		
jouets		
comme		
évoluer		
monde		
enfant		
mobile		
hochet		
équilibre		
éraflures		
poussant		
davantage		
manipuler		

Un mot a-t-il toujours le même nombre de syllabes orales que de syllabes écrites ?
Peux-tu expliquer pourquoi ?

_____

_____

_____

_____

_____

Consonnes et voyelles... un vrai casse-tête !

Tu sais que les mots sont composés de consonnes et obligatoirement de voyelles. À partir des indices donnés, retrouve les jouets dont il est question dans le texte. (Les mots sont tous au singulier.)

Exemple : cvccvc : consonne, voyelle, consonne, consonne, voyelle, consonne : hochet

Voici les mots que tu dois retrouver :

- mobile
- ballon
- ourson
- roche
- lego

- domino
- coquillage
- poupée
- peinture
- cerf-volant

Pour t'aider, nous avons séparé les mots en syllabes.

À toi de jouer, maintenant !

cv/ccv/ : _____

cv/cv/ : _____

vvc/cvc/ : _____

cv/cv/cv/ : _____

cvc/cvc/ : _____

cv/cvvc/cv/cv/ : _____

cv/cv/cv/ : _____

cvv/cv/v/ : _____

cvvc/cv/cv/ : _____

cvcc/-cv/cvcc/ : _____

Consonnes et voyelles... un vrai casse-tête !

Tu sais que les mots sont composés de consonnes et obligatoirement de voyelles. À partir des indices donnés, retrouve les jouets dont il est question dans le texte. (Les mots sont tous au singulier.)

Exemple : cvccvc : consonne, voyelle, consonne, consonne, voyelle, consonne : | hochet |

Voici les mots que tu dois retrouver :

- mobile
- ballon
- ourson
- roche
- lego
- domino
- coquillage
- poupée
- peinture
- cerf-volant

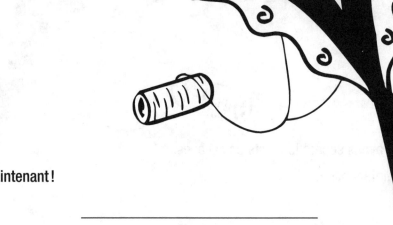

À toi de jouer, maintenant !

CVCCV : _____

CVCV : _____

VVCCVC : _____

CVCVCV : _____

CVCCVC : _____

CVCVVCCVCV : _____

CVCVCV : _____

CVVCVV : _____

CVVCCVCV : _____

CVCC-CVCVCC : _____

Consonnes et voyelles... un vrai casse-tête !

Tu sais que les mots sont composés de consonnes et obligatoirement de voyelles. À partir des indices donnés, retrouve les jouets dont il est question dans le texte. (Les mots sont tous au singulier.)

Exemple : cvccvc : consonne, voyelle, consonne, consonne, voyelle, consonne : | hochet |

À toi de jouer, maintenant !

CVCCV : _____

CVCV : _____

VVCCVC : _____

CVCVCV : _____

CVCCVC : _____

CVCVVCCVCV : _____

CVCVCV : _____

CVVCVV : _____

CVVCCVCV : _____

CVCC-CVCVCC : _____

Mots de la même famille

Peux-tu remplir au moins trois des bulles avec des mots de la même famille que ceux proposés ?
Tu peux te servir de ton dictionnaire.

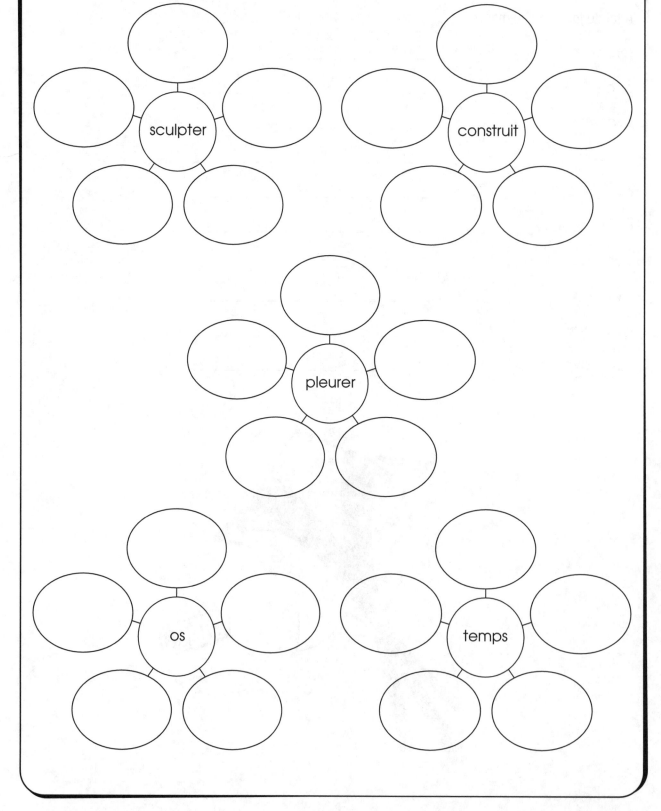

Encore des verbes

Dans le texte «Prendre son envol en jouant», trouve cinq verbes à l'imparfait et cinq verbes au passé composé. Indique leur infinitif.

Imparfait	Infinitif

Passé composé	Infinitif

Des homophones

Choisis la bonne façon d'écrire le son « a », « as » ou « à » sans regarder le texte.

1. Tu apprenais _____ jouer.

2. Tu _____ grandi et tu _____ découvert de nouveaux objets.

3. Tu _____ commencé _____ te déplacer.

4. Tu _____ appris _____ marcher et cela t' _____ valu bien des éraflures.

5. Tu _____ appris à garder l'équilibre et commencé _____ courir.

6. Tu continues _____ apprécier tes camions.

7. Tu ne penses qu' _____ enfiler tes patins ou _____ glisser en traîneau.

8. Tu _____ joué avec ta planche _____ roulettes.

Oups ! La ponctuation et les majuscules

Peux-tu, sans te servir du texte, rétablir la ponctuation et les majuscules dans le paragraphe suivant ?

pendant ce temps tu deviens habile à manipuler des manettes de jeux vidéo et

les émissions à la télé meublent une partie de ton temps tu raffines de plus en plus

la signature de tes peintures et de tes dessins mais tout au long de ton enfance tu

réclames ton histoire préférée avant d'aller te coucher bientôt tout comme le

cerf-volant tu prendras un nouvel envol

Oups ! La ponctuation et les majuscules

Peux-tu, sans te servir du texte, rétablir la ponctuation et les majuscules dans les paragraphes suivants ?

tu deviens experte ou expert dans les jeux car tu t'amuses de plus en plus avec les amis de la garderie avec ton frère ou ta sœur avec papa ou maman les jeux de société occupent une grande partie de ton temps tu joues au lego aux cartes aux dominos et tu continues à apprécier tes camions tes petites autos d'autres préfèrent garnir leur panier d'épicerie ou promener leur poupée en landau il y a des moments où tu ne penses plus qu'à enfiler tes patins ou à glisser en traîneau lorsque tu te retrouves seule ou seul tu prends plaisir à faire des casse-tête ou à peindre des chefs-d'œuvre à la gouache ton vélo ta trottinette et ta planche à roulettes te permettent d'explorer les rues de ton voisinage sous le regard avisé de papa et maman

pendant ce temps tu deviens habile à manipuler des manettes de jeux vidéo et les émissions à la télé meublent une partie de ton temps tu raffines de plus en plus la signature de tes peintures et de tes dessins mais tout au long de ton enfance tu réclames ton histoire préférée avant d'aller te coucher bientôt tout comme le cerf-volant tu prendras un nouvel envol

À partir du texte, peux-tu remplir le tableau suivant en indiquant comment ou avec quoi tu jouais ? S'il y a lieu, indique aussi ce que cette activité te permettait d'apprendre.

Âge	Jouet, jeu ou activité	Apprentissage
Bébé	• Hochet • Manège musical • Ourson en peluche • Faire tomber les objets	• Développer l'ouïe et le toucher • Développer l'ouïe et la vue • Découvrir les différentes textures • Réaliser la permanence des objets (même si je ne vois pas l'objet, il existe encore)
Six mois et plus	• Se déplacer, toucher à tout • Casseroles, contenants en plastique, ustensiles • Faire des dégâts	• Bouger et découvrir l'espace et les objets • Développer son imagination, s'inventer des jouets • Expérimenter les transformations
Un an et plus	• Jouets montés sur roues • Ballon, voiturette • Cubes, sable • Inventer des recettes • Animal en peluche	• Marcher, grimper, courir • Développer son équilibre • Construire, créer • Créer, expérimenter • Chercher le réconfort, l'attachement
Quatre ans et plus	• Avec les autres et les jeux de société • Camions, autos • Panier d'épicerie, poupée • Patins, traîneau • Vélo, trottinette, planche à roulettes • Casse-tête • Peinture • Télévision • Jeux vidéo • Écouter des histoires	• Socialiser avec les autres • S'inventer des jeux représentant la réalité • Faire du sport, développer ses habiletés physiques • Développer son observation et sa motricité fine • Développer sa créativité et sa motricité fine • Développer ses champs d'intérêt, ses connaissances • Développer ses champs d'intérêt, ses stratégies et ses habiletés manuelles • Développer son goût pour la lecture, enrichir son vocabulaire • Écouter des histoires

Fais la liste de tous les jeux ou activités mentionnés dans le texte. Ensuite, complète-la avec ceux qui ont fait partie de ta vie et que nous avons oubliés. Utilise des verbes à l'infinitif pour répondre.

Exemple : Jouer avec un hochet.

Les jeux dont on parle dans le texte	Les jeux de ma vie
Jouer avec un hochet.	Note : Les ajouts peuvent être l'occasion de lancer une communication orale.
Être fascinée ou fasciné par le manège musical.	
Caresser son ourson en peluche.	
Jouer avec le contenu des armoires.	
Faire des dégâts.	
Pousser des jouets montés sur roues.	
Poursuivre des objets, des animaux.	
Empiler des cubes.	
Construire des châteaux de sable.	
Inventer des recettes.	
Dormir avec son jouet préféré.	
S'amuser avec les autres.	
Jouer à des jeux de société.	
Jouer avec des camions, des autos.	
Garnir le panier d'épicerie.	
Promener les poupées en landau.	
Patiner, glisser.	
Faire des casse-tête, peindre des chefs-d'œuvre.	
Pratiquer le vélo, la trottinette, la planche à roulettes.	
Manipuler des manettes de jeux vidéo.	
Regarder la télévision.	
Écouter son histoire préférée.	

Trouve les mots clés dans les phrases suivantes et souligne-les.

1. C'est par l'ouïe et par le toucher que le bébé nouveau-né établit son premier contact avec le monde.

2. Parce que tu voulais bouger un peu plus et que tu étais très curieuse ou curieux, tu as commencé à te déplacer davantage et à toucher à tout.

3. C'était l'époque des petits dégâts quand tu t'amusais à faire tomber le jus d'orange sur le plancher en t'imaginant aller y pêcher un petit poisson.

4. C'est en poussant des jouets montés sur roues que tu as appris à garder l'équilibre pour mieux marcher et commencer à courir.

5. Ton vélo, ta trottinette et ta planche à roulettes te permettent d'explorer les rues de ton voisinage, sous le regard avisé de papa et maman.

6. À ton entrée à la maternelle, tu savais déjà tant de choses ! Tu étais prête ou prêt à apprendre encore et à te faire de nouveaux amis.

Note : D'autres réponses peuvent être jugées pertinentes.

En te référant au texte, cherche le sens de ces mots. Donne leur équivalent dans tes propres mots ou utilise ton dictionnaire pour trouver leur sens.

polies   usées, lisses

figurines   petites figures, statuettes

évoluer   grandir, avancer, changer, progresser

l'ouïe   l'audition

fasciné   captivé(e), émerveillé(e)

texture   composition, consistance

casserole   ustensile de cuisine, chaudron*, marmite

époque   temps, moment, période

éraflure   égratignure, écorchure, entaille

voiturette   petite voiture, voiture d'enfant

empilé   mettre en pile, entasser, placer l'un par-dessus l'autre

peu invitant   peu ragoûtant, peu appétissant, peu tentant

chef-d'œuvre   œuvre d'art, belle création

manipuler   manier avec soin, avec dextérité ; manœuvrer ; bouger

tu raffines   tu améliores, perfectionnes, embellis, bonifies

Peux-tu retrouver dans le texte une autre manière de dire ces mots ou ces expressions ?

Pendant la préhistoire, au tout début	Même au temps des cavernes
En ce temps-là	À cette époque
C'est à cause de	C'est pourquoi
De la même manière qu'aujourd'hui	Tout comme aujourd'hui
À cause de, étant donné que	Parce que
C'était le temps, c'était l'âge	C'était l'époque
Certains préfèrent	D'autres préfèrent
Il y a des temps, des périodes	Il y a des moments
Quand	Lorsque
En même temps	Pendant ce temps
Prochainement, dans peu de temps	Bientôt
À ton arrivée, à tes débuts à l'école	À ton entrée à la maternelle
Désormais, à présent que	Maintenant que
Tu sais aussi, tu sais pareillement	Tu sais également

Dans le texte, trouve le mot qui correspond aux définitions suivantes.

1. Mettre l'un par-dessus l'autre. Placer des blocs ou des cubes pour former une tour :

   empiler

2. Très petites poupées, personnages qui sont représentés avec de petites figures :

   figurines

3. Plusieurs années auparavant, un siècle, un moment de la vie :

   époque

4. Aussi, de même façon, autant :

   également

5. Toutes sortes de tissus ou de matières que l'on touche :

   texture

6. Aimer, préférer :

   apprécier

7. Récipient, contenant pour faire cuire :

   casserole

Lire par groupes de mots

Corrigé

Exerce-toi à lire le premier paragraphe en groupes de mots. Par la suite, sépare le deuxième paragraphe en utilisant le même moyen.

Tu as grandi / et tu as découvert / de nouveaux jouets. / Parce que tu voulais bouger un peu plus / et que tu étais très curieuse ou curieux, / tu as commencé / à te déplacer davantage / et à toucher à tout. / Tu en as ouvert / des portes d'armoires / pour jouer avec les casseroles, /les contenants en plastique / et les ustensiles... / C'était l'époque des petits dégâts / quand tu t'amusais / à faire tomber le jus d'orange / sur le plancher / en t'imaginant aller y pêcher / un petit poisson./

Les mois ont passé / et tu as appris / à marcher et à grimper. / Tu avais le goût du risque / et cela t'a valu / bien des éraflures.../ C'est en poussant des jouets montés sur roues / que tu as appris / à garder l'équilibre / pour mieux marcher / et commencer à courir. / Tu as poursuivi ton ballon, / ta voiturette / ou ton gros chat. / Tu as empilé des cubes, / tu as construit / de beaux châteaux de sable, / tu as inventé des recettes / et créé des plats / peu invitants. / Tu as connu bien des changements / même si tu dors encore / avec ton jouet préféré./

As-tu déjà remarqué que la lettre « e » change de son selon les mots ? Nous te proposons un exercice pour le découvrir et pour apprendre à classer les sons les plus fréquents produits par la lettre « e ».

1. Classe les mots suivants dans la bonne colonne. Le son « e » devient le son « è ».

caverne	explorer	recette	maternelle	manège	découvert
prêt	texture	divers	très	hochet	voiturette
diverses	nouvel	jouet	existé	ouvert	expert
quel	frère	permettait	existait	casse-tête	cette

el	et	ex	er	è	ê
maternelle	recette	explorer	caverne	manège	prêt
nouvel	hochet	texture	maternelle	très	casse-tête
quel	voiturette	existé	découvert	frère	
	jouet	expert	divers		
	permettait	existait	diverses		
	cette		ouvert		
			expert		
			permettait		

2. Le son « e » qui devient le son « é ». Classe les mots suivants dans la catégorie de son à laquelle ils appartiennent.

premier	fasciné	et	toucher	évoluer	différente
était	énormément	bouger	équilibre	plancher	marcher
panier					

er	é	et
premier	fasciné	et
toucher	évoluer	
évoluer	différente	
bouger	était	
plancher	énormément	
marcher	équilibre	
panier		

3. Peux-tu maintenant nommer les catégories de mots que tu as trouvées et qui finissent par « er » ?

Des verbes et des noms

Peux-tu découper les mots suivants en syllabes orales et écrites?

	À l'oral	À l'écrit
Exemple: enfance	en/fance	en/fan/ce
toujours	tou/jours	tou/jours
cavernes	ca/vernes	ca/ver/nes
amusaient	a/mu/saient	a/mu/saient
jouets	jou/ets	jou/ets
comme	comme	com/me
évoluer	é/vo/lu/er	é/vo/lu/er
monde	monde	mon/de
enfant	en/fant	en/fant
mobile	mo/bile	mo/bi/le
hochet	ho/chet	ho/chet
équilibre	é/qui/libre	é/qui/li/bre
éraflures	é/ra/flures	é/ra/flu/res
poussant	pous/sant	pous/sant
davantage	da/van/tage	da/van/ta/ge
manipuler	ma/ni/pu/ler	ma/ni/pu/ler

Un mot a-t-il toujours le même nombre de syllabes orales que de syllabes écrites?
Peux-tu expliquer pourquoi?

Non, un mot n'a pas toujours le même nombre de syllabes orales que de syllabes écrites. Cela

s'explique par le fait que le « e » muet à la fin d'un mot contribue à ajouter une syllabe à l'écrit.

Exemple: par/le (deux syllabes à l'écrit).

Tu sais que les mots sont composés de consonnes et obligatoirement de voyelles. À partir des indices donnés, retrouve les jouets dont il est question dans le texte. (Les mots sont tous au singulier.)

Exemple : cvccvc : consonne, voyelle, consonne, consonne, voyelle, consonne : hochet

Voici les mots que tu dois retrouver :

- mobile
- ballon
- ourson
- roche
- lego

- domino
- coquillage
- poupée
- peinture
- cerf-volant

Pour t'aider, nous avons séparé les mots en syllabes.

À toi de jouer, maintenant !

cv/ccv/ : roche

cv/cv/ : lego

vvc/cvc/ : ourson

cv/cv/cv/ : mobile

cvc/cvc/ : ballon

cv/cvvc/cv/cv/ : coquillage

cv/cv/cv/ : domino

cvv/cv/v/ : poupée

cvvc/cv/cv/ : peinture

cvcc/-cv/cvcc/ : cerf-volant

Peux-tu remplir au moins trois des bulles avec des mots de la même famille que ceux proposés ?
Tu peux te servir de ton dictionnaire.

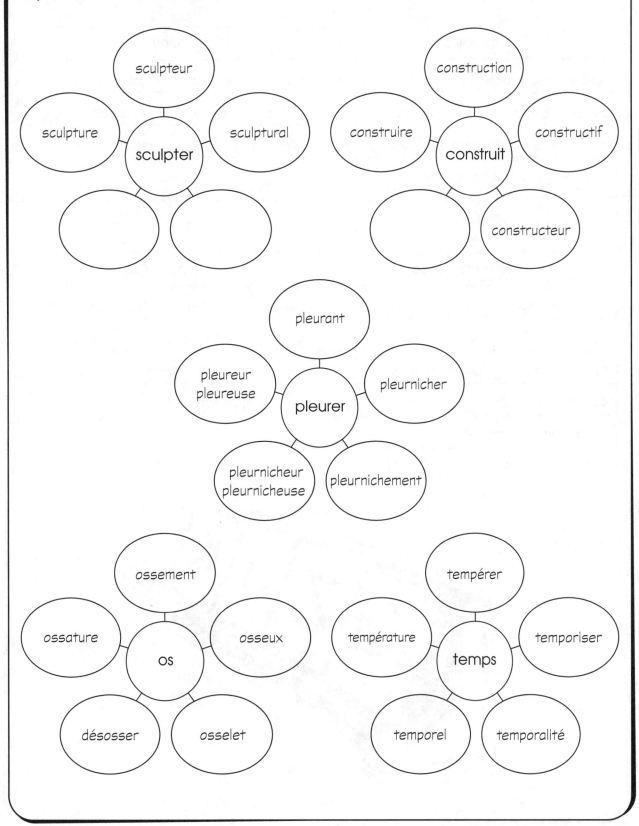

Dans le texte «Prendre son envol en jouant», trouve cinq verbes à l'imparfait et cinq verbes au passé composé. Indique leur infinitif.

Imparfait	Infinitif
sais, savais, amusais, amusaient, avais, avait,	savoir, amuser, avoir, contribuer, jouer,
avaient, contribuait, jouais, tournais,	tourner, apprendre, secouer, tomber, venir,
apprenais, secouais, tombait, venait, existait,	exister, être , vouloir, permettre
étais, était, voulais, permettaient	

Passé composé	Infinitif
ont existé, est né, as grandi, as découvert,	exister, naître, grandir, découvrir, commencer,
as commencé, as ouvert, ont passé,	ouvrir, passer, apprendre, valoir, poursuivre,
as appris, a valu, as poursuivi, as empilé,	empiler, construire, inventer, connaître,
as construit, as inventé, as connu,	permettre, comprendre
ont permis, as compris	

Note : D'autres réponses sont possibles.

Choisis la bonne façon d'écrire le son «a», «as» ou «à» sans regarder le texte.

1. Tu apprenais _____à_____ jouer.

2. Tu _____as_____ grandi et tu _____as_____ découvert de nouveaux objets.

3. Tu _____as_____ commencé _____à_____ te déplacer.

4. Tu _____as_____ appris _____à_____ marcher et cela t' _____a_____ valu bien des
éraflures.

5. Tu _____as_____ appris à garder l'équilibre et commencé _____à_____ courir.

6. Tu continues _____à_____ apprécier tes camions.

7. Tu ne penses qu' _____à_____ enfiler tes patins ou _____à_____ glisser en traîneau.

8. Tu _____as_____ joué avec ta planche _____à_____ roulettes.

Grille d'évaluation – Module d'apprentissage (texte narratif)

3. Prendre son envol en jouant

Composantes	Objectifs	Évaluation
Questions interprétatives avant la lecture du texte	• Développer le processus d'élaboration. • Amener l'élève à exprimer ses sentiments, sa créativité.	Commentaires : _____ _____ Modalité de travail : Niveau d'aide : / // /// //// Date : _____
Au fil des ans Corrigé	• Repérer les informations. • Regrouper les informations sélectionnées. • Dégager les éléments inférentiels et les interpréter.	Commentaires : _____ _____ Modalité de travail : Niveau d'aide : / // /// //// Date : _____
Fais la liste Corrigé	• Repérer les informations dans le texte. • Développer l'habileté à trouver l'infinitif des verbes.	Commentaires : _____ _____ Modalité de travail : Niveau d'aide : / // /// //// Date : _____
Des mots importants Corrigé	Amener l'élève à améliorer sa compréhension en dégageant les mots clés.	Commentaires : _____ _____ Modalité de travail : Niveau d'aide : / // /// //// Date : _____

Légende : fait seul fait en dyade fait en équipe fait en groupe-classe

/ seul // avec un petit coup de pouce /// avec un gros coup de main //// difficultés même avec de l'aide

Nom : _____   Date : _____

Composantes	Objectifs	Évaluation
Cherche et recherche Corrigé	• Améliorer sa compréhension du vocabulaire. • Utiliser le sens du contexte pour trouver la signification des mots. • Développer des techniques de recherche dans le dictionnaire.	Commentaires : _____ _____ Modalité de travail : Niveau d'aide : / // /// //// Date : _____
Expressions à traduire ★ ★★ Corrigé	• Améliorer son interprétation des connecteurs de sens. • Améliorer sa compréhension en lecture.	Commentaires : _____ _____ Modalité de travail : Niveau d'aide : / // /// //// Date : _____
Quelques devinettes Corrigé	• Développer les capacités d'analyse et de synthèse afin de construire du sens. • Utiliser les indices sémantiques pour dégager le mot recherché.	Commentaires : _____ _____ Modalité de travail : Niveau d'aide : / // /// //// Date : _____
Lire par groupes de mots Corrigé	• Développer la fluidité en lecture. • Utiliser la technique des hachures pour améliorer l'habileté à lire par groupes de mots significatifs.	Commentaires : _____ _____ Modalité de travail : Niveau d'aide : / // /// //// Date : _____
Le « e » qui change de son ★ ★★ Corrigé	• Développer davantage les mécanismes d'identification des mots. • Consolider le code graphophonétique.	Commentaires : _____ _____ Modalité de travail : Niveau d'aide : / // /// //// Date : _____

Reproduction autorisée © Les Éditions de la Chenelière inc.

Composantes	Objectifs	Évaluation
Syllabes orales et écrites Corrigé	• Développer davantage les mécanismes d'identification des mots. • Consolider l'habileté de segmentation à l'oral et à l'écrit et comparer les résultats obtenus.	Commentaires : _____ _____ Modalité de travail : Niveau d'aide : / // /// //// Date : _____
Consonnes et voyelles… un vrai casse-tête ! ★ ★★ ★★★ Corrigé	• Développer davantage les mécanismes d'identification des mots. • Consolider la connaissance des structures syllabiques et intrasyllabiques.	Commentaires : _____ _____ Modalité de travail : Niveau d'aide : / // /// //// Date : _____
Mots de la même famille Corrigé	• Recourir aux indices morphologiques pour découvrir des mots de la même famille.	Commentaires : _____ _____ Modalité de travail : Niveau d'aide : / // /// //// Date : _____
Encore des verbes Corrigé	• Améliorer sa connaissance des verbes. • Repérer des verbes conjugués et trouver leur infinitif.	Commentaires : _____ _____ Modalité de travail : Niveau d'aide : / // /// //// Date : _____
Des homo-phones Corrigé	• Mettre en application ses connaissances des homophones « a, as, à ».	Commentaires : _____ _____ Modalité de travail : Niveau d'aide : / // /// //// Date : _____

Composantes	Objectifs	Évaluation
Oups ! La ponctuation et les majuscules ★ ★★ Corrigé par le texte	• Améliorer ses structures de phrases. • Utiliser adéquatement la ponctuation et les majuscules pour effectuer le découpage syntaxique.	Commentaires : _____ _____ Modalité de travail : Niveau d'aide : / // /// //// Date : _____

Nom : _____ Date : _____

Grille d'autorégulation

Titre du module d'apprentissage : _____

Nom de l'activité : _____

J'ai fait l'activité : **/** seul **//** avec un petit coup de pouce

/// avec un gros coup de main **////** difficultés même avec de l'aide

Ce que j'ai bien réussi : _____

Pourquoi ? _____

_____

Ce que j'ai aimé : _____

Pourquoi ? _____

_____

Ce que j'ai trouvé difficile : _____

Pourquoi ? _____

_____

Les stratégies (trucs) qui m'ont aidée ou aidé à faire l'activité : _____

_____

Ce que j'ai appris en faisant ce travail : _____

_____

Je pourrai me servir de ce que je viens d'apprendre quand...

_____

_____

Mon prochain défi : _____

_____

Mes commentaires : _____

_____

_____

_____

Notes de l'enseignante : _____

_____

_____

_____

4. Une aventure avec grand-père

Composantes	Processus	Objectifs
Schéma du récit Corrigé	Macroprocessus en lecture	• Prédire le déroulement du récit. • Sélectionner les éléments importants. • Comprendre le texte dans son ensemble. • Soutenir le rappel du récit.
Récit en séquences Corrigé	Macroprocessus en lecture	• Organiser le déroulement du récit. • Clarifier sa compréhension. • Soutenir le rappel du récit.
Questions de compréhension Corrigé	Macroprocessus en lecture	• Lire et interpréter les questions. • Développer une compréhension en profondeur : littérale, inférentielle ou interprétative, critique et applicative. • Apprendre à découvrir les mots clés.
Mots de substitution (référents) Corrigé	Processus d'intégration en lecture	• Conserver le sens tout au long du récit. • Établir les liens entre les référents et les mots de substitution.
Anticipation dans les phrases lacunaires ★ ★★ ★★★ Corrigé	• Microprocessus en lecture • Macroprocessus en lecture	• Développer l'anticipation dans une phrase. • Utiliser les mots *avant* et *après* pour découvrir le sens de la phrase. • Se servir du sens du paragraphe, du texte, pour découvrir le mot à anticiper.
Devinettes Corrigé	Microprocessus en lecture	• Développer la microsélection. • Découvrir les mots clés (mots indices). • Développer l'inférence. • Faire converger les éléments importants.
Famille de mots Corrigé	Écrire des textes variés.	• Développer l'orthographe lexicale en ayant recours aux dérivés et aux familles lexicales. • Contribuer à l'accroissement et à l'enrichissement du vocabulaire. • Développer l'analyse morphologique (suffixe, préfixe, mots de même famille).

▼

Composantes	Processus	Objectifs
Les mots intrus Corrigé	Microprocessus en lecture	• Distinguer différentes graphies de leurs correspondances auditives. • Découvrir l'irrégularité des mots et de leur graphie.
Classification de mots Corrigé	Microprocessus en lecture	• Approfondir l'apprentissage des sons *c*, *g*, *an* (graphophonétique). • Relever les règles du *c* et du *g*.
Lettres en folie Corrigé	Microprocessus en lecture	• Travailler la fusion syllabique et en venir à la formation du mot. • Solliciter la mémoire visuelle du mot à l'écrit. • Développer l'image mentale du mot. • Travailler la correspondance phonème-graphème.
Communication écrite A	Écrire des textes variés.	• Apprendre à structurer un texte. • Développer et organiser les idées. • Tenir compte du schéma du récit. • Développer l'idée du paragraphe. • Respecter le sujet proposé. • Apprendre à structurer les phrases. • Utiliser les connecteurs (les mots liens), les référents.
Communication écrite B	Écrire des textes variés.	• Développer la flexibilité cognitive. • Enrichir ses idées. • Élaborer la structure du récit. • Tenir compte du plan choisi. • Développer l'idée du paragraphe. • Rester dans le sujet proposé. • Apprendre à structurer les phrases. • Utiliser les connecteurs (les mots liens), les référents.
Réagir en image	Écrire des textes variés.	• Stimuler la flexibilité cognitive. • Apprendre à réagir et à justifier son choix de façon précise. • Établir des liens pertinents. • Utiliser un vocabulaire approprié. • Développer la structure de phrases.

Composantes	Processus	Objectifs
Un peu de mathématique (1b) Corrigé	• Résoudre une situation-problème mathématique. • Raisonner à l'aide de concepts et de processus mathématiques.	• Lire et comprendre un problème mathématique. • Parvenir à une bonne représentation mentale du problème. • Dégager les mots importants et faire des liens appropriés. • Utiliser les techniques d'addition, de soustraction et de multiplication.
Un peu de géométrie	Raisonner à l'aide de concepts et de processus mathématiques.	• Développer une représentation visuelle. • Manipuler adéquatement les formes géométriques. • Développer sa créativité. • Favoriser le développement du langage intérieur et des styles d'évocation.

Une aventure avec grand-père

Pendant les grandes vacances, Simon va chez son grand-père Antoine. Il a été pêcheur toute sa vie et a connu bien des péripéties en haute mer. Maintenant, Simon passe deux semaines avec lui en Gaspésie pour apprendre ce métier qui le passionne.

Le troisième jour de ses vacances, malgré le ciel orageux, grand-père et Simon partent à la pêche à la morue. Leur embarcation est déjà loin du rivage quand un vent violent se lève. Il apporte avec lui d'énormes nuages gris. Une pluie abondante se met à tomber et les vagues à déferler, allant jusqu'à rouler dans le bateau.

Voyant Simon trembler de froid et de peur, grand-père tente de le rassurer. Il lui dit que l'orage cessera bientôt et qu'il a déjà surmonté d'autres tempêtes. Grand-père, qui est prévoyant, a apporté son poste émetteur. Il demande donc du secours à la garde côtière.

À peine Simon est-il réconforté qu'une vague énorme fait chavirer leur embarcation. Tous deux s'agrippent de toutes leurs forces aux rebords du bateau en attendant les secours. Heureusement, ils avaient pris soin de mettre leur gilet de sauvetage.

Après d'interminables minutes d'angoisse, Simon croit apercevoir au loin des feux clignotants. Est-ce le fait de son imagination ou est-ce bien les secours qui arrivent jusqu'à eux ? Le vieux pêcheur reconnaît lui aussi le bateau de la garde côtière et encourage son petit-fils à tenir bon.

Le capitaine lance à l'eau des bouées de sauvetage que nos deux rescapés s'empressent d'attraper. Maintenant à l'abri sous des couvertures chaudes, grand-père et Simon sont soulagés d'être en sécurité.

Simon a eu la frousse de sa vie et se souviendra longtemps de son aventure sur une mer déchaînée avec un grand-père un peu trop aventurier.

Schéma du récit

Qui sont les personnages ?

_____

_____

À quel endroit l'histoire se déroule-t-elle ?

_____

_____

Quand l'histoire se passe-t-elle ?

_____

_____

Que se passe-t-il au début ?

_____

_____

Quel est l'élément déclencheur ?

_____

_____

Quel est le problème ?

_____

_____

Quelle est la complication ?

_____

_____

Quelle est la solution ?

_____

_____

Quelle est la fin ?

_____

_____

Récit en séquences

Replace les phrases dans le bon ordre en te servant de l'histoire. Numérote-les de 1 à 8 :

◯ Une vague énorme fait chavirer leur embarcation.

◯ Une pluie abondante se met à tomber.

◯ Grand-père et Simon sont soulagés d'être en sécurité.

◯ Simon tremble de froid et de peur.

◯ Simon se souviendra longtemps de son aventure.

◯ Simon croit apercevoir au loin des feux clignotants.

◯ Ils s'agrippent de toutes leurs forces.

◯ Simon passe deux semaines avec son grand-père en Gaspésie.

Questions de compréhension

1. Dans quelle région Simon passe-t-il ses vacances ?

   _____

2. Quel métier Simon veut-il apprendre ?

   _____

3. À quel moment grand-père et Simon partent-ils à la pêche ?

   _____

4. En quelle saison se déroule cette aventure ?

   _____

5. Pourquoi Simon tremble-t-il ?

   _____

6. Que dit grand-père à Simon pour le rassurer ?

   _____

   _____

7. Qu'arrive-t-il à l'embarcation pendant la tempête ?

   _____

8. À quoi Simon et grand-père s'agrippent-ils de toutes leurs forces ?

   _____

9. Qu'est-ce que Simon aperçoit au loin ?

   _____

10. Si Antoine est le grand-père de Simon alors Simon est _____ de grand-père.

11. Quel appareil leur a rendu un fier service ?

   _____

12. Qui effectue le sauvetage ?

   _____

13. Comment se nomme la personne responsable à bord du bateau de sauvetage ?

   _____

14. Qu'est-ce que grand-père aurait dû faire avant de partir en mer ?

_____

_____

15. Comment crois-tu que grand-père se sent après cette aventure ?

_____

_____

16. As-tu déjà vécu une aventure pendant laquelle tu avais eu peur ?

_____

_____

17. À quel endroit cette aventure a-t-elle eu lieu ?

_____

_____

18. Quels autres moyens de secours auraient pu sauver Antoine et Simon ?

_____

_____

Mots de substitution

Garde le cap tout au long du texte. Trouve le mot que je remplace.

Pendant les grandes vacances, Simon va chez son grand-père Antoine.

Il _____ a été pêcheur toute sa vie et a connu bien

des péripéties en haute mer. Maintenant, Simon passe deux semaines avec

lui _____ en Gaspésie pour apprendre ce métier qui

_____ le _____ passionne.

Le troisième jour de ses vacances, malgré le ciel orageux, grand-père et Simon

partent à la pêche à la morue. Leur embarcation est déjà loin du rivage quand

un vent violent se lève. Il _____ apporte avec lui

_____ d'énormes nuages gris. Une pluie abondante se met

à tomber et les vagues à déferler, allant jusqu'à rouler dans le bateau.

Voyant Simon trembler de froid et de peur, grand-père tente de le

_____ rassurer. Il lui _____ dit que l'orage

cessera bientôt et qu'il _____ a déjà surmonté d'autres

tempêtes. Grand-père, qui _____ est prévoyant, a apporté

son poste émetteur. Il _____ demande donc du secours à la

garde côtière.

À peine Simon est-il réconforté qu'une vague énorme fait chavirer leur embarcation. Tous deux _____ s'agrippent de toutes leurs forces aux rebords du bateau en attendant les secours. Heureusement, ils _____ avaient pris soin de mettre leur gilet de sauvetage.

Après d'interminables minutes d'angoisse, Simon croit apercevoir au loin des feux clignotants. Est-ce le fait de son imagination ou est-ce bien les secours qui arrivent jusqu'à eux _____ ? Le vieux pêcheur _____ reconnaît lui _____ aussi le bateau de la garde côtière et encourage son petit-fils _____ à tenir bon.

Le capitaine lance à l'eau des bouées de sauvetage que nos deux rescapés _____ s'empressent d'attraper. Maintenant à l'abri sous des couvertures chaudes, ils _____ sont soulagés d'être en sécurité.

Simon a eu la frousse de sa vie et se souviendra longtemps de son aventure sur une mer déchaînée avec un grand-père un peu trop aventurier.

Anticipation avec choix de réponses

Jette deux mots par-dessus bord. Écris le bon mot pour conserver le sens.

Pendant les grandes vacances, Simon va chez son (oncle, cousin, grand-père)

_____ Antoine. Il a été pêcheur toute sa vie et a connu bien

des péripéties en haute mer. Maintenant, Simon passe deux (jours, semaines, mois)

_____ avec lui en Gaspésie pour apprendre ce métier qui le

passionne.

Le troisième jour de ses vacances, malgré le (ciel, sel, bel) _____

orageux, grand-père et Simon partent à la pêche à la (tortue, morue, marée)

_____ . Leur embarcation est déjà loin du rivage quand un

vent violent se lève. Il apporte avec lui d'énormes (nages, images, nuages)

_____ gris. Une pluie abondante se met à tomber et les vagues

à déferler, allant jusqu'à rouler dans le (câble, billot, bateau)

_____ .

Voyant Simon (tomber, trembler, pleurer) _____ de froid et de

peur, grand-père tente de le rassurer. Il lui dit que l'orage cessera bientôt et qu'il a

déjà (surmonté, traversé, versé) _____ d'autres tempêtes.

Grand-père, qui est (voyant, croyant, prévoyant) _____ , a

apporté son (poste, porte, parte) _____ émetteur. Il demande

donc du secours à la garde côtière.

À peine Simon est-il réconforté qu'une (bague, larme, vague) _____

énorme fait chavirer leur embarcation. Tous deux s'agrippent de toutes leurs

forces aux rebords du bateau en attendant les secours. (Habituellement,

Heureusement, Maintenant) _____ , ils avaient pris soin

de mettre leur gilet de sauvetage.

Après d'interminables (secondes, minutes, heures) _____

d'angoisse, Simon croit apercevoir au loin des feux clignotants. Est-ce le fait de

son imagination ou est-ce bien les secours qui arrivent jusqu'à eux ? Le vieux

(rêveur, pêcheur, pêcheur) _____ reconnaît lui aussi le bateau

de la garde côtière et encourage son petit-fils à tenir bon.

Le capitaine lance à l'eau des bouées de sauvetage que nos deux rescapés

s'empressent d'attraper. Maintenant à l'abri sous des couvertures chaudes,

grand-père et Simon sont (contents, soulagés, désolés) _____

d'être en sécurité.

Simon a eu la frousse de sa vie et se souviendra longtemps de son aventure sur

une mer (déchaînée, enchaînée, entraînée) _____ avec un

grand-père un peu trop aventurier.

Anticipation dans des phrases lacunaires avec choix de réponses à la fin du texte

À toi de prendre le gouvernail ! Parmi les mots proposés, choisis celui qui convient.

- embarcation
- frousse
- pêcheur
- rescapés
- rebords
- secours
- violent

- grandes
- chavirer
- réconforté
- cessera
- rivage
- abondante
- rassurer

- énormes
- péripéties
- angoisse
- énorme
- grand-père
- maintenant

Pendant les _____ vacances, Simon va chez son grand-père

Antoine. Il a été _____ toute sa vie et a connu bien des

_____ en haute mer. _____ , Simon passe

deux semaines avec lui en Gaspésie pour apprendre ce métier qui le passionne.

Le troisième jour de ses vacances, malgré le ciel orageux, grand-père et Simon

partent à la pêche à la morue. Leur _____ est déjà loin du

_____ quand un vent _____ se lève.

Il apporte avec lui d' _____ nuages gris. Une pluie

_____ se met à tomber et les vagues à déferler, allant jusqu'à

rouler dans le bateau.

Voyant Simon trembler de froid et de peur, grand-père tente de le

_____ . Il lui dit que l'orage _____ bientôt

et qu'il a déjà surmonté d'autres tempêtes. Grand-père, qui est prévoyant, a

apporté son poste émetteur. Il demande donc du _____ à la

garde côtière.

À peine Simon est-il _____ qu'une vague _____

fait _____ leur embarcation. Tous deux s'agrippent de toutes

leurs forces aux _____ du bateau en attendant les secours.

Heureusement, ils avaient pris soin de mettre leur gilet de sauvetage.

Après d'interminables minutes d' _____ , Simon croit

apercevoir au loin des feux clignotants. Est-ce le fait de son imagination ou est-ce

bien les secours qui arrivent jusqu'à eux? Le vieux pêcheur reconnaît lui aussi le

bateau de la garde côtière et encourage son petit-fils à tenir bon.

Le capitaine lance à l'eau des bouées de sauvetage que nos deux

_____ s'empressent d'attraper. Maintenant à l'abri sous des

couvertures chaudes, grand-père et Simon sont soulagés d'être en sécurité.

Simon a eu la _____ de sa vie et se souviendra longtemps de

son aventure sur une mer déchaînée avec un _____ un peu

trop aventurier.

Anticipation dans des phrases lacunaires sans choix de réponses

Gare à toi ! Tu pourrais tomber par-dessus bord. Ajoute le mot manquant en tenant compte de la structure des phrases et du sens de l'histoire.

Pendant les _____ vacances, Simon va chez son grand-père

Antoine. Il a été _____ toute sa vie et a connu bien des

_____ en haute mer. _____ , Simon passe

deux semaines avec lui en Gaspésie pour apprendre ce métier qui le passionne.

Le troisième jour de ses vacances, malgré le ciel orageux, grand-père et Simon

partent à la pêche à la morue. Leur _____ est déjà loin du

_____ quand un vent _____ se lève.

Il apporte avec lui d' _____ nuages gris. Une pluie

_____ se met à tomber et les vagues à déferler, allant jusqu'à

rouler dans le bateau.

Voyant Simon trembler de froid et de peur, grand-père tente de le

_____ . Il lui dit que l'orage _____ bientôt

et qu'il a déjà surmonté d'autres tempêtes. Grand-père, qui est prévoyant, a

apporté son poste émetteur. Il demande donc du _____

à la garde côtière.

À peine Simon est-il _____ qu'une vague

_____ fait _____ leur embarcation. Tous

deux s'agrippent de toutes leurs forces aux _____ du bateau

en attendant les secours. Heureusement, ils avaient pris soin de mettre leur gilet

de sauvetage.

Après d'interminables minutes d' _____ , Simon croit

apercevoir au loin des feux clignotants. Est-ce le fait de son imagination ou est-ce

bien les secours qui arrivent jusqu'à eux ? Le vieux pêcheur reconnaît lui aussi le

bateau de la garde côtière et encourage son petit-fils à tenir bon.

Le capitaine lance à l'eau des bouées de sauvetage que nos deux

_____ s'empressent d'attraper. Maintenant à l'abri sous des

couvertures chaudes, grand-père et Simon sont soulagés d'être en sécurité.

Simon a eu la _____ de sa vie et se souviendra longtemps de

son aventure sur une mer déchaînée avec un _____ un peu

trop aventurier.

Anticipation dans des phrases lacunaires avec synonymes comme choix de réponses

Hisse la bonne voile ! Choisis le bon synonyme parmi les mots proposés.

• présentement	• gros	• longues
• survivants	• bords	• consolé
• réconforter	• de l'aide	• inquiétude
• immenses	• importante	• marin
• aventures	• arrêtera	• renverser
• rive	• peur	• bateau

Pendant les _____ vacances, Simon va chez son grand-père

Antoine. Il a été _____ toute sa vie et a connu bien des

_____ en haute mer. _____ , Simon passe

deux semaines avec lui en Gaspésie pour apprendre ce métier qui le passionne.

Le troisième jour de ses vacances, malgré le ciel orageux, grand-père et Simon

partent à la pêche à la morue. Leur _____ est déjà loin de la

_____ quand un _____ vent se lève.

Il apporte avec lui d' _____ nuages gris. Une pluie

_____ se met à tomber et les vagues à déferler, allant jusqu'à

rouler dans le bateau.

Voyant Simon trembler de froid et de peur, grand-père tente de le

_____ . Il lui dit que l'orage _____ bientôt

et qu'il a déjà surmonté d'autres tempêtes. Grand-père, qui est prévoyant, a

apporté son poste émetteur. Il demande donc _____ à la

garde côtière.

À peine Simon est-il _____ qu'une vague énorme vague fait

_____ leur embarcation. Tous deux s'agrippent de toutes leurs forces aux _____ du bateau en attendant les secours. Heureusement, ils avaient pris soin de mettre leur gilet de sauvetage.

Après d'interminables minutes d' _____ , Simon croit apercevoir au loin des feux clignotants. Est-ce le fait de son imagination ou est-ce bien les secours qui arrivent jusqu'à eux ? Le vieux pêcheur reconnaît lui aussi le bateau de la garde côtière et encourage son petit-fils à tenir bon.

Le capitaine lance à l'eau des bouées de sauvetage que nos deux _____ s'empressent d'attraper. Maintenant à l'abri sous des couvertures chaudes, grand-père et Simon sont soulagés d'être en sécurité.

Simon a eu la _____ de sa vie et se souviendra longtemps de son aventure sur une mer déchaînée avec un grand-père un peu trop aventurier.

Devinettes

1. Je suis une grande étendue d'eau.
   Je connais les marées.
   Je me nomme aussi «océan».

   _____

2. Mon nom a trois syllabes.
   Je suis une région du Québec.
   C'est là que vit Antoine.

   _____

3. Je suis un appareil de communication.
   Je remplace le téléphone.
   Antoine m'apporte avec lui chaque fois qu'il va pêcher.

   _____

4. Je suis un sentiment.
   Je ne suis pas très agréable à vivre.
   Je ressemble à beaucoup d'inquiétude.

   _____

5. Je suis indispensable sur un véhicule.
   J'émets de la lumière.
   Simon a repris confiance en m'apercevant au loin.

   _____

6. Je suis un personnage du récit.
   J'essaie de prendre de bonnes décisions.
   Dans ce récit, je travaille sur le bateau de sauvetage.

   _____

Famille de mots

Tomberas-tu dans le filet ? Trouve le mot qui n'est pas de la même famille que :

| **mer** | marin | démarrer | maritime |
| | marée | marine | |

| **embarcation** | embarquer | embarquement | débattre |
| | débarquer | débarcadère | |

| **rive** | arrive | riverain | rivière |
| | dérive | rivage | |

| **froid** | froidure | froideur | frisson |
| | froidement | froide | |

| **sauvetage** | sauveteur | sauver | sauvette |
| | sauveur | sauvage | |

| **aventurier** | aventure | aventurière | s'aventurer |
| | avenir | aventureux | |

Les mots intrus

Encercle le mot où tu n'entends pas le son vedette :

| **eur** | pêcheur | pleure | monsieur |
| | sœur | cœur | beurre |

| **si** | scie | péripétie | acrobatie |
| | pharmacie | maladie | assis |

| **è** | peine | capitaine | marraine |
| | amène | soudain | mitaine |

| **ière** | côtière | cafetière | hier |
| | sentier | rivière | glissière |

| **ier** | métier | rêver | cocotier |
| | amitié | dentier | policier |

| **ousse** | frousse | pouce | tousse |
| | blouse | tousse | mousse |

| **é** | tomber | chez | araignée |
| | dé | balai | mai |

| **o** | bateau | billot | sirop |
| | auto | saute | milieu |

Classification de mots

Le matelot C nous donne du fil à retordre. Place les mots dans la bonne colonne.

Règle du c

• ciel	• ce	• embarcation
• secours	• côtière	• forces
• croit	• reconnaît	• encourage
• capitaine	• lance	• vacances
• vacances	• couverture	• cessera

c dur	c doux

Peux-tu écrire la règle du c dur et du c doux ?

_____

_____

_____

_____

_____

Classification de mots

Le capitaine G s'amuse parfois à faire le dur ou le doux. Place les mots dans la bonne colonne.

Règle du *g*

- grandes
- Gaspésie
- gris
- davantage
- sauvetage
- encourage
- nuages
- malgré
- orage
- vague
- angoisse
- soulagés
- grand-père
- orageux
- garde
- agrippent
- imagination

g dur	*g* doux

Peux-tu écrire la règle du *g* dur et du *g* doux ?

_____

_____

_____

_____

_____

Classification de mots

Pareils à l'oreille, différents à l'écrit. Classe les mots dans la bonne colonne.

Graphies du son « an »

- grandes
- maintenant
- vent
- tempêtes
- attendant
- clignotants
- s'empressent

- vacances
- apprendre
- trembler
- prévoyant
- aventurier
- encourage
- violent

- grand-père
- embarcation
- tente
- demande
- heureusement
- lance
- aventure

en	em	an

Peux-tu écrire la règle qui demande que le « n » soit remplacé par un « m » ?

_____

_____

_____

_____

Lettres en folie

Le vent a fait dériver toutes les lettres. Replace-les dans le bon ordre pour former les mots.

.d
.n
.o
.y
.e
.a

n _____

.e
.p
.u
.h
.r
.c
.ê

p _____

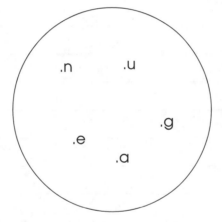

.n
.u
.g
.e
.a

n _____

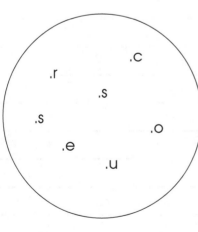

.c
.r
.s
.s
.o
.e
.u

s _____

.é
.é
.s
.i
.c
.r
.t
.u

s _____

Communication écrite A :

- Cette activité se fait en quatre étapes, avec quatre équipes.

- La première équipe recompose à sa façon l'introduction, la deuxième, l'élément déclencheur, la troisième, le problème et la quatrième, la fin du récit. Chaque équipe reçoit une copie du récit avec sa partie manquante.

- À la fin de cette activité, tous les élèves participent à la rédaction du nouveau récit.

Mes notes

_____

_____

_____

_____

_____

_____

_____

_____

_____

_____

_____

_____

_____

_____

_____

_____

_____

_____

_____

_____

_____

_____

_____

Communication écrite B :

- Cette activité peut se réaliser à partir d'un nouveau thème. Par exemple, les personnages, l'endroit, l'élément déclencheur, etc. seront modifiés (un père et sa fille, dans les montagnes, expédition d'alpinisme, etc.).

- À partir de la structure du récit, tous les élèves participent à l'élaboration du plan de la nouvelle histoire.

- Chaque équipe compose sa partie et contribue à la rédaction commune de la nouvelle histoire.

Mes notes

_____
_____
_____
_____
_____
_____
_____
_____
_____
_____
_____
_____
_____
_____
_____
_____
_____
_____
_____
_____

Nom : _____   Date : _____

Réagir en image

Quelle image choisis-tu pour illustrer le texte ? Justifie ta réponse.

_____

_____

_____

_____

_____

_____

_____

_____

_____

_____

_____

_____

_____

_____

Un peu de mathématique

Ne te laisse pas prendre à l'hameçon !

1. Simon et son grand-père vont à la pêche chaque jour. Ils pêchent en moyenne 14 morues par jour.

    a) Combien de poissons auront-ils pêchés à la fin de la semaine ?

    _____

    Explique ta démarche et donne ta réponse sous forme de phrase complète.

    _____
    _____
    _____
    _____
    _____

    b) Combien de poissons vont-ils pêcher lors des mois de juin et de juillet de l'été prochain, sachant que grand-père pourra aller pêcher tous les jours de la semaine mais seulement une fin de semaine sur deux ?

    _____
    _____
    _____
    _____
    _____
    _____
    _____
    _____
    _____
    _____
    _____
    _____
    _____
    _____

2. L'embarcation de grand-père parcourt 12 kilomètres à l'heure. Combien de kilomètres auront-ils parcourus s'ils naviguent pendant trois heures ?

_____

Explique ta démarche et donne ta réponse sous forme de phrase complète.

_____

_____

_____

_____

_____

_____

_____

_____

_____

_____

3. Pour se rendre chez Antoine, Simon a voyagé longtemps. Il a dû parcourir 765 kilomètres en autobus. Combien Simon aura-t-il fait de kilomètres en autobus pendant ses vacances ?

_____

Explique ta démarche et donne ta réponse sous forme de phrase complète.

_____

_____

_____

_____

_____

_____

_____

_____

Un peu de géométrie !

À l'aide des figures géométriques suivantes, essaie de construire l'embarcation de grand-père.

Dis-moi quelles formes tu as utilisées et combien il t'en a fallu.

_____
_____
_____
_____
_____
_____
_____
_____
_____
_____
_____
_____
_____
_____
_____

Qui sont les personnages?

Simon, grand-père Antoine

À quel endroit l'histoire se déroule-t-elle?

En Gaspésie

Quand l'histoire se passe-t-elle?

Durant les grandes vacances

Que se passe-t-il au début?

Grand-père et Simon partent à la pêche à la morue.

Quel est l'élément déclencheur?

Un orage qui se lève.

Quel est le problème?

L'orage qui ne cesse pas, les vagues énormes sur la mer.

Quelle est la complication?

L'embarcation chavire.

Quelle est la solution?

Demander du secours à la garde côtière.

Quelle est la fin?

Grand-père et Simon sont en sécurité, sauvés grâce aux bouées de sauvetage de la garde côtière.

Replace les phrases dans le bon ordre en te servant de l'histoire. Numérote-les de 1 à 8 :

(4) Une vague énorme fait chavirer leur embarcation.

(2) Une pluie abondante se met à tomber.

(7) Grand-père et Simon sont soulagés d'être en sécurité.

(3) Simon tremble de froid et de peur.

(8) Simon se souviendra longtemps de son aventure.

(6) Simon croit apercevoir au loin des feux clignotants.

(5) Ils s'agrippent de toutes leurs forces.

(1) Simon passe deux semaines avec son grand-père en Gaspésie.

1. Dans quelle région Simon passe-t-il ses vacances ?

En Gaspésie

2. Quel métier Simon veut-il apprendre ?

Le métier de pêcheur

3. À quel moment grand-père et Simon partent-ils à la pêche ?

Le troisième jour des vacances de Simon

4. En quelle saison se déroule cette aventure ?

En été

5. Pourquoi Simon tremble-t-il ?

Il tremble de froid et de peur.

6. Que dit grand-père à Simon pour le rassurer ?

Il lui dit que l'orage cessera bientôt, et que lui-même a déjà surmonté d'autres tempêtes.

7. Qu'arrive-t-il à l'embarcation pendant la tempête ?

L'embarcation chavire.

8. À quoi Simon et grand-père s'agrippent-ils de toutes leurs forces ?

Aux rebords du bateau

9. Qu'est-ce que Simon aperçoit au loin ?

Des feux clignotants

10. Si Antoine est le grand-père de Simon alors Simon est _____*le petit-fils*_____ de grand-père.

11. Quel appareil leur a rendu un fier service ?

Le poste émetteur

12. Qui effectue le sauvetage ?

La garde côtière

13. Comment se nomme la personne responsable à bord du bateau de sauvetage ?

Le capitaine

14. Qu'est-ce que grand-père aurait dû faire avant de partir en mer?

Vérifier les conditions météorologiques

15. Comment crois-tu que grand-père se sent après cette aventure?

Réponses variables

16. As-tu déjà vécu une aventure pendant laquelle tu avais eu peur?

Réponses variables

17. À quel endroit cette aventure a-t-elle eu lieu?

Réponses variables

18. Quels autres moyens de secours auraient pu sauver Antoine et Simon?

Secours provenant d'un hélicoptère, d'une autre embarcation

Garde le cap tout au long du texte. Trouve le mot que je remplace.

Pendant les grandes vacances, Simon va chez son grand-père Antoine.

Il _____grand-père ou Antoine_____ a été pêcheur toute sa vie et a connu bien

des péripéties en haute mer. Maintenant, Simon passe deux semaines avec

lui _____grand-père ou Antoine_____ en Gaspésie pour apprendre ce métier qui

_____le métier de pêcheur_____ le _____Simon_____ passionne.

Le troisième jour de ses vacances, malgré le ciel orageux, grand-père et Simon

partent à la pêche à la morue. Leur embarcation est déjà loin du rivage quand

un vent violent se lève. Il _____le vent_____ apporte avec lui

_____le vent_____ d'énormes nuages gris. Une pluie abondante se met

à tomber et les vagues à déferler, allant jusqu'à rouler dans le bateau.

Voyant Simon trembler de froid et de peur, grand-père tente de le

_____Simon_____ rassurer. Il lui _____Simon_____ dit que l'orage

cessera bientôt et qu'il _____grand-père_____ a déjà surmonté d'autres

tempêtes. Grand-père, qui _____grand-père_____ est prévoyant, a apporté

son poste émetteur. Il _____grand-père_____ demande donc du secours à la

garde côtière.

À peine Simon est-il réconforté qu'une vague énorme fait chavirer leur embarcation. Tous deux ___grand-père et Simon___ s'agrippent de toutes leurs forces aux rebords du bateau en attendant les secours. Heureusement, ils ___grand-père et Simon___ avaient pris soin de mettre leur gilet de sauvetage.

Après d'interminables minutes d'angoisse, Simon croit apercevoir au loin des feux clignotants. Est-ce le fait de son imagination ou est-ce bien les secours qui arrivent jusqu'à eux ___grand-père et Simon___ ? Le vieux pêcheur ___grand-père ou Antoine___ reconnaît lui ___grand-père ou Antoine___ aussi le bateau de la garde côtière et encourage son petit-fils ___Simon___ à tenir bon.

Le capitaine lance à l'eau des bouées de sauvetage que nos deux rescapés ___grand-père et Simon___ s'empressent d'attraper. Maintenant à l'abri sous des couvertures chaudes, ils ___grand-père et Simon___ sont soulagés d'être en sécurité.

Simon a eu la frousse de sa vie et se souviendra longtemps de son aventure sur une mer déchaînée avec un grand-père un peu trop aventurier.

Jette deux mots par-dessus bord. Écris le bon mot pour conserver le sens.

Pendant les grandes vacances, Simon va chez son (oncle, cousin, grand-père) _____grand-père_____ Antoine. Il a été pêcheur toute sa vie et a connu bien des péripéties en haute mer. Maintenant, Simon passe deux (jours, semaines, mois) _____semaines_____ avec lui en Gaspésie pour apprendre ce métier qui le passionne.

Le troisième jour de ses vacances, malgré le (ciel, sel, bel) _____ciel_____ orageux, grand-père et Simon partent à la pêche à la (tortue, morue, marée) _____morue_____. Leur embarcation est déjà loin du rivage quand un vent violent se lève. Il apporte avec lui d'énormes (nages, images, nuages) _____nuages_____ gris. Une pluie abondante se met à tomber et les vagues à déferler, allant jusqu'à rouler dans le (câble, billot, bateau) _____bateau_____.

Voyant Simon (tomber, trembler, pleurer) _____trembler_____ de froid et de peur, grand-père tente de le rassurer. Il lui dit que l'orage cessera bientôt et qu'il a déjà (surmonté, traversé, versé) _____surmonté_____ d'autres tempêtes. Grand-père, qui est (voyant, croyant, prévoyant) _____prévoyant_____, a apporté son (poste, porte, parte) _____poste_____ émetteur. Il demande donc du secours à la garde côtière.

À peine Simon est-il réconforté qu'une (bague, larme, vague) _____vague_____ énorme fait chavirer leur embarcation. Tous deux s'agrippent de toutes leurs forces aux rebords du bateau en attendant les secours. (Habituellement, Heureusement, Maintenant) _____Heureusement_____, ils avaient pris soin de mettre leur gilet de sauvetage.

Après d'interminables (secondes, minutes, heures) _____minutes_____ d'angoisse, Simon croit apercevoir au loin des feux clignotants. Est-ce le fait de son imagination ou est-ce bien les secours qui arrivent jusqu'à eux? Le vieux (rêveur, pêcheur, pêcheur) _____pêcheur_____ reconnaît lui aussi le bateau de la garde côtière et encourage son petit-fils à tenir bon.

Le capitaine lance à l'eau des bouées de sauvetage que nos deux rescapés s'empressent d'attraper. Maintenant à l'abri sous des couvertures chaudes, grand-père et Simon sont (contents, soulagés, désolés) _____soulagés_____ d'être en sécurité.

Simon a eu la frousse de sa vie et se souviendra longtemps de son aventure sur une mer (déchaînée, enchaînée, entraînée) _____déchaînée_____ avec un grand-père un peu trop aventurier.

À toi de prendre le gouvernail ! Parmi les mots proposés, choisis celui qui convient.

- embarcation
- frousse
- pêcheur
- rescapés
- rebords
- secours
- violent

- grandes
- chavirer
- réconforté
- cessera
- rivage
- abondante
- rassurer

- énormes
- péripéties
- angoisse
- énorme
- grand-père
- maintenant

Pendant les _____ grandes _____ vacances, Simon va chez son grand-père Antoine. Il a été _____ pêcheur _____ toute sa vie et a connu bien des _____ péripéties _____ en haute mer. _____ Maintenant _____ , Simon passe deux semaines avec lui en Gaspésie pour apprendre ce métier qui le passionne.

Le troisième jour de ses vacances, malgré le ciel orageux, grand-père et Simon partent à la pêche à la morue. Leur _____ embarcation _____ est déjà loin du _____ rivage _____ quand un vent _____ violent _____ se lève. Il apporte avec lui d' _____ énormes _____ nuages gris. Une pluie _____ abondante _____ se met à tomber et les vagues à déferler, allant jusqu'à rouler dans le bateau.

Voyant Simon trembler de froid et de peur, grand-père tente de le _____ rassurer _____ . Il lui dit que l'orage _____ cessera _____ bientôt et qu'il a déjà surmonté d'autres tempêtes. Grand-père, qui est prévoyant, a apporté son poste émetteur. Il demande donc du _____ secours _____ à la garde côtière.

À peine Simon est-il _____réconforté_____ qu'une vague _____énorme_____ fait _____chavirer_____ leur embarcation. Tous deux s'agrippent de toutes leurs forces aux _____rebords_____ du bateau en attendant les secours. Heureusement, ils avaient pris soin de mettre leur gilet de sauvetage.

Après d'interminables minutes d' _____angoisse_____ , Simon croit apercevoir au loin des feux clignotants. Est-ce le fait de son imagination ou est-ce bien les secours qui arrivent jusqu'à eux ? Le vieux pêcheur reconnaît lui aussi le bateau de la garde côtière et encourage son petit-fils à tenir bon.

Le capitaine lance à l'eau des bouées de sauvetage que nos deux _____rescapés_____ s'empressent d'attraper. Maintenant à l'abri sous des couvertures chaudes, grand-père et Simon sont soulagés d'être en sécurité.

Simon a eu la _____frousse_____ de sa vie et se souviendra longtemps de son aventure sur une mer déchaînée avec un _____grand-père_____ un peu trop aventurier.

Gare à toi! Tu pourrais tomber par-dessus bord. Ajoute le mot manquant en tenant compte de la structure des phrases et du sens de l'histoire.

Pendant les _____grandes_____ vacances, Simon va chez son grand-père Antoine. Il a été _____pêcheur_____ toute sa vie et a connu bien des _____péripéties_____ en haute mer. _____Maintenant_____, Simon passe deux semaines avec lui en Gaspésie pour apprendre ce métier qui le passionne.

Le troisième jour de ses vacances, malgré le ciel orageux, grand-père et Simon partent à la pêche à la morue. Leur _____embarcation_____ est déjà loin du _____rivage_____ quand un vent _____violent_____ se lève. Il apporte avec lui d'_____énormes_____ nuages gris. Une pluie _____abondante_____ se met à tomber et les vagues à déferler, allant jusqu'à rouler dans le bateau.

Voyant Simon trembler de froid et de peur, grand-père tente de le _____rassurer_____. Il lui dit que l'orage _____cessera_____ bientôt et qu'il a déjà surmonté d'autres tempêtes. Grand-père, qui est prévoyant, a apporté son poste émetteur. Il demande donc du _____secours_____ à la garde côtière.

À peine Simon est-il _____réconforté_____ qu'une vague _____énorme_____ fait _____chavirer_____ leur embarcation. Tous deux s'agrippent de toutes leurs forces aux _____rebords_____ du bateau en attendant les secours. Heureusement, ils avaient pris soin de mettre leur gilet de sauvetage.

Après d'interminables minutes d'_____angoisse_____, Simon croit apercevoir au loin des feux clignotants. Est-ce le fait de son imagination ou est-ce bien les secours qui arrivent jusqu'à eux? Le vieux pêcheur reconnaît lui aussi le bateau de la garde côtière et encourage son petit-fils à tenir bon.

Le capitaine lance à l'eau des bouées de sauvetage que nos deux
_____ rescapés _____ s'empressent d'attraper. Maintenant à l'abri sous des
couvertures chaudes, grand-père et Simon sont soulagés d'être en sécurité.

Simon a eu la _____ frousse _____ de sa vie et se souviendra longtemps de
son aventure sur une mer déchaînée avec un _____ grand-père _____ un peu
trop aventurier.

Hisse la bonne voile ! Choisis le bon synonyme parmi les mots proposés.

• présentement	• gros	• longues
• survivants	• bords	• consolé
• réconforter	• de l'aide	• inquiétude
• immenses	• importante	• marin
• aventures	• arrêtera	• renverser
• rive	• peur	• bateau

Pendant les _____longues_____ vacances, Simon va chez son grand-père

Antoine. Il a été _____marin_____ toute sa vie et a connu bien des

_____aventures_____ en haute mer. _____Présentement_____ , Simon passe

deux semaines avec lui en Gaspésie pour apprendre ce métier qui le passionne.

Le troisième jour de ses vacances, malgré le ciel orageux, grand-père et Simon

partent à la pêche à la morue. Leur _____bateau_____ est déjà loin de la

_____rive_____ quand un _____gros_____ vent se lève.

Il apporte avec lui d'_____immenses_____ nuages gris. Une pluie

_____importante_____ se met à tomber et les vagues à déferler, allant jusqu'à

rouler dans le bateau.

Voyant Simon trembler de froid et de peur, grand-père tente de le

_____réconforter_____ . Il lui dit que l'orage _____arrêtera_____ bientôt

et qu'il a déjà surmonté d'autres tempêtes. Grand-père, qui est prévoyant, a

apporté son poste émetteur. Il demande donc _____de l'aide_____ à la

garde côtière.

À peine Simon est-il _____consolé_____ qu'une vague énorme vague fait

_____renverser_____ leur embarcation. Tous deux s'agrippent de toutes leurs

forces aux _____bords_____ du bateau en attendant les secours.
Heureusement, ils avaient pris soin de mettre leur gilet de sauvetage.

Après d'interminables minutes d' _____inquiétude_____ , Simon croit
apercevoir au loin des feux clignotants. Est-ce le fait de son imagination ou est-ce
bien les secours qui arrivent jusqu'à eux ? Le vieux pêcheur reconnaît lui aussi le
bateau de la garde côtière et encourage son petit-fils à tenir bon.

Le capitaine lance à l'eau des bouées de sauvetage que nos deux
_____survivants_____ s'empressent d'attraper. Maintenant à l'abri sous des
couvertures chaudes, grand-père et Simon sont soulagés d'être en sécurité.

Simon a eu la _____peur_____ de sa vie et se souviendra longtemps de
son aventure sur une mer déchaînée avec un grand-père un peu trop aventurier.

1. Je suis une grande étendue d'eau.

   Je connais les marées.

   Je me nomme aussi «océan».

   mer

2. Mon nom a trois syllabes.

   Je suis une région du Québec.

   C'est là que vit Antoine.

   Gaspésie

3. Je suis un appareil de communication.

   Je remplace le téléphone.

   Antoine m'apporte avec lui chaque fois qu'il va pêcher.

   poste émetteur

4. Je suis un sentiment.

   Je ne suis pas très agréable à vivre.

   Je ressemble à beaucoup d'inquiétude.

   angoisse, anxiété

5. Je suis indispensable sur un véhicule.

   J'émets de la lumière.

   Simon a repris confiance en m'apercevant au loin.

   feu clignotant

6. Je suis un personnage du récit.

   J'essaie de prendre de bonnes décisions.

   Dans ce récit, je travaille sur le bateau de sauvetage.

   capitaine

Tomberas-tu dans le filet ? Trouve le mot qui n'est pas de la même famille que :

mer	marin	(démarrer)	maritime
	marée	marine	

embarcation	embarquer	embarquement	(débattre)
	débarquer	débarcadère	

rive	(arrive)	riverain	rivière
	dérive	rivage	

froid	froidure	froideur	(frisson)
	froidement	froide	

sauvetage	sauveteur	sauver	sauvette
	sauveur	(sauvage)	

aventurier	aventure	aventurière	s'aventurer
	(avenir)	aventureux	

Encercle le mot où tu n'entends pas le son vedette :

| **eur** | pêcheur | pleure | (monsieur) |
| | sœur | cœur | beurre |

| **si** | scie | péripétie | acrobatie |
| | pharmacie | (maladie) | assis |

| **è** | peine | capitaine | marraine |
| | amène | (soudain) | mitaine |

| **ière** | côtière | cafetière | hier |
| | (sentier) | rivière | glissière |

| **ier** | métier | (rêver) | cocotier |
| | amitié | dentier | policier |

| **ousse** | frousse | pouce | tousse |
| | (blouse) | tousse | mousse |

| **é** | tomber | chez | araignée |
| | dé | (balai) | mai |

| **o** | bateau | billot | sirop |
| | auto | saute | (milieu) |

Le matelot C nous donne du fil à retordre. Place les mots dans la bonne colonne.

Règle du *c*

- ciel
- secours
- croit
- capitaine
- vacances

- ce
- côtière
- reconnaît
- lance
- couverture

- embarcation
- forces
- encourage
- vacances
- cessera

c dur	*c* doux
secours	ciel
croit	vacances
capitaine	lance
vacances	forces
côtière	cessera
reconnaît	ce
couverture	
embarcation	
encourage	

Peux-tu écrire la règle du *c* dur et du *c* doux ?

Le c est dur devant les voyelles a, o, u et les consonnes.

Le c est doux devant les voyelles e, i et y.

Le capitaine G s'amuse parfois à faire le dur ou le doux. Place les mots dans la bonne colonne.

Règle du *g*

- grandes
- Gaspésie
- gris
- davantage
- sauvetage
- encourage
- nuages
- malgré
- orage
- vague
- angoisse
- soulagés
- grand-père
- orageux
- garde
- agrippent
- imagination

g dur	*g* doux
grandes	nuage
grand-père	davantage
Gaspésie	sauvetage
gris	encourage
malgré	orage
vague	soulagés
angoisse	orageux
garde	imagination
agrippent	

Peux-tu écrire la règle du *g* dur et du *g* doux ?

Le g est dur devant les voyelles a, o, u et les consonnes.

Le g est doux devant les voyelles e, i et y.

Pareils à l'oreille, différents à l'écrit. Classe les mots dans la bonne colonne.

Graphies du son « an »

- grandes
- maintenant
- vent
- tempêtes
- attendant
- clignotants
- s'empressent

- vacances
- apprendre
- trembler
- prévoyant
- aventurier
- encourage
- violent

- grand-père
- embarcation
- tente
- demande
- heureusement
- lance
- aventure

en	em	an
vent	tempête	grandes
apprendre	s'empressent	maintenant
aventurier	trembler	attendant
encourage	embarcation	clignotants
tente		vacances
heureusement		prévoyant
aventure		grand-père
violent		demande
		lance

Peux-tu écrire la règle qui demande que le « n » soit remplacé par un « m »?

Il faut un « m » devant les consonnes « b » et « p ».

Le vent a fait dériver toutes les lettres. Replace-les dans le bon ordre pour former les mots.

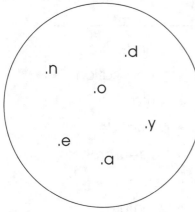

n <u>noyade</u>

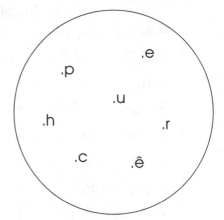

p <u>pêcheur</u>

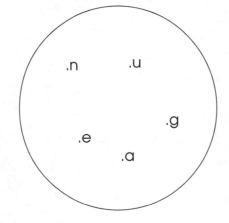

n <u>nuage</u>

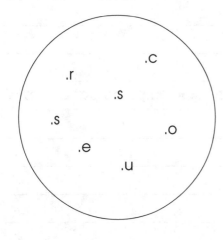

s <u>secours</u>

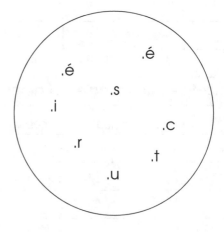

s <u>sécurité</u>

Un peu de mathématique

Corrigé

Ne te laisse pas prendre à l'hameçon !

1. Simon et son grand-père vont à la pêche chaque jour. Ils pêchent en moyenne 14 morues par jour.

   a) Combien de poissons auront-ils pêchés à la fin de la semaine ?

   $14 \times 7 = 98$ poissons

   Explique ta démarche et donne ta réponse sous forme de phrase complète.

   b) Combien de poissons vont-ils pêcher lors des mois de juin et de juillet de l'été prochain, sachant que grand-père pourra aller pêcher tous les jours de la semaine mais seulement une fin de semaine sur deux ?

   Exemple de réponse : Juin 2005 compte 4 fins de semaine.

   Juillet 2005 compte 5 fins de semaine.

   Hypothèse A. Si grand-père travaille la première fin de semaine de juin, il y a 8 jours où il n'ira pas pêcher.

   Hypothèse B. Si grand-père ne travaille pas la première fin de semaine de juin, il y a 10 jours où il n'ira pas pêcher.

   Mois de juin : 30 jours

   Mois de juillet : 31 jours

   Démarche :

Hypothèse A.	$30 + 31 = 61$ jours
	$61 - 8$ jours $= 53$ jours
	53 jours $\times 14$ poissons $= 742$ poissons
Hypothèse B.	$30 + 31 = 61$ jours
	$61 - 10$ jours $= 51$ jours
	51 jours $\times 14$ poissons $= 714$ poissons

2. L'embarcation de grand-père parcourt 12 kilomètres à l'heure. Combien de kilomètres auront-ils parcourus s'ils naviguent pendant trois heures?

$12 \times 3 = 36$ kilomètres

Explique ta démarche et donne ta réponse sous forme de phrase complète.

_____

_____

_____

_____

_____

_____

_____

_____

_____

3. Pour se rendre chez Antoine, Simon a voyagé longtemps. Il a dû parcourir 765 kilomètres en autobus. Combien Simon aura-t-il fait de kilomètres en autobus pendant ses vacances?

$765 \times 2 = 1530$ kilomètres ou $765 + 765 = 1530$ kilomètres

Explique ta démarche et donne ta réponse sous forme de phrase complète.

_____

_____

_____

_____

_____

_____

_____

_____

_____

Nom : _____   Date : _____

Grille d'évaluation – Module d'apprentissage (texte narratif)

4. Une aventure avec grand-père

Composantes	Objectifs	Évaluation
Schéma du récit Corrigé	• Prédire le déroulement du récit. • Sélectionner les éléments importants. • Comprendre le texte dans son ensemble. • Soutenir le rappel du récit.	Commentaires : _____ _____ Modalité de travail : 🪑 🪑🪑 🛋 👥 Niveau d'aide : / // /// //// Date : _____
Récit en séquences Corrigé	• Organiser le déroulement du récit. • Clarifier sa compréhension. • Soutenir le rappel du récit.	Commentaires : _____ _____ Modalité de travail : 🪑 🪑🪑 🛋 👥 Niveau d'aide : / // /// //// Date : _____
Questions de compréhension Corrigé	• Lire et interpréter les questions. • Développer une compréhension en profondeur : littérale, inférentielle ou interprétative, critique et applicative. • Apprendre à découvrir les mots clés.	Commentaires : _____ _____ Modalité de travail : 🪑 🪑🪑 🛋 👥 Niveau d'aide : / // /// //// Date : _____
Mots de substitution (référents) Corrigé	• Conserver le sens tout au long du récit. • Établir les liens entre les référents et les mots de substitution.	Commentaires : _____ _____ Modalité de travail : 🪑 🪑🪑 🛋 👥 Niveau d'aide : / // /// //// Date : _____

Légende : 🪑 fait seul   🪑🪑 fait en dyade   🛋 fait en équipe   👥 fait en groupe-classe

/ seul   // avec un petit coup de pouce   /// avec un gros coup de main   //// difficultés même avec de l'aide

Nom : _____   Date : _____

Composantes	Objectifs	Évaluation
Anticipation dans les phrases lacunaires ★ ★★ ★★★ Corrigé	• Développer l'anticipation dans une phrase. • Utiliser les mots *avant* et *après* pour découvrir le sens de la phrase. • Se servir du sens du paragraphe, du texte, pour découvrir le mot à anticiper.	Commentaires : _____ _____ Modalité de travail : Niveau d'aide : / // /// //// Date : _____
Devinettes Corrigé	• Développer la microsélection. • Découvrir les mots clés (mots indices). • Développer l'inférence. • Faire converger les éléments importants.	Commentaires : _____ _____ Modalité de travail : Niveau d'aide : / // /// //// Date : _____
Famille de mots Corrigé	• Développer l'orthographe lexicale en ayant recours aux dérivés et aux familles lexicales. • Contribuer à l'accroissement et à l'enrichissement du vocabulaire. • Développer l'analyse morphologique (suffixe, préfixe, mots de même famille).	Commentaires : _____ _____ Modalité de travail : Niveau d'aide : / // /// //// Date : _____
Les mots intrus Corrigé	• Distinguer différentes graphies de leurs correspondances auditives. • Découvrir l'irrégularité des mots et de leur graphie.	Commentaires : _____ _____ Modalité de travail : Niveau d'aide : / // /// //// Date : _____
Classification de mots Corrigé	• Approfondir l'apprentissage des sons *c, g, an* (graphophonétique). • Relever les règles du *c* et du *g*.	Commentaires : _____ _____ Modalité de travail : Niveau d'aide : / // /// //// Date : _____

Nom : _____   Date : _____

Composantes	Objectifs	Évaluation
Lettres en folie Corrigé	• Travailler la fusion syllabique et en venir à la formation du mot. • Solliciter la mémoire visuelle du mot à l'écrit. • Développer l'image mentale du mot. • Travailler la correspondance phonème-graphème.	Commentaires : _____ _____ Modalité de travail : Niveau d'aide : / // /// //// Date : _____
Communication écrite A	• Apprendre à structurer un texte. • Développer et organiser les idées. • Tenir compte du schéma du récit. • Développer l'idée du paragraphe. • Respecter le sujet proposé. • Apprendre à structurer les phrases. • Utiliser les connecteurs (les mots liens), les référents.	Commentaires : _____ _____ Modalité de travail : Niveau d'aide : / // /// //// Date : _____
Communication écrite B	• Développer la flexibilité cognitive. • Enrichir ses idées. • Élaborer la structure du récit. • Tenir compte du plan choisi. • Développer l'idée du paragraphe. • Rester dans le sujet proposé. • Apprendre à structurer les phrases. • Utiliser les connecteurs (les mots liens), les référents.	Commentaires : _____ _____ Modalité de travail : Niveau d'aide : / // /// //// Date : _____
Réagir en image	• Stimuler la flexibilité cognitive. • Apprendre à réagir et à justifier son choix de façon précise. • Établir des liens pertinents. • Utiliser un vocabulaire approprié. • Développer la structure de phrases.	Commentaires : _____ _____ Modalité de travail : Niveau d'aide : / // /// //// Date : _____

Nom : _____   Date : _____

Composantes	Objectifs	Évaluation
Un peu de mathématique (1b) Corrigé	• Lire et comprendre un problème mathématique. • Parvenir à une bonne représentation mentale du problème. • Dégager les mots importants et faire des liens appropriés. • Utiliser les techniques d'addition, de soustraction et de multiplication.	Commentaires : _____ _____ Modalité de travail : Niveau d'aide : / // /// //// Date : _____
Un peu de géométrie ★	• Développer une représentation visuelle. • Manipuler adéquatement les formes géométriques. • Développer sa créativité. • Favoriser le développement du langage intérieur et des styles d'évocation.	Commentaires : _____ _____ Modalité de travail : Niveau d'aide : / // /// //// Date : _____

Grille d'autorégulation

Titre du module d'apprentissage : _____

Nom de l'activité : _____

J'ai fait l'activité : **/** seul   **//** avec un petit coup de pouce

/// avec un gros coup de main   **////** difficultés même avec de l'aide

Ce que j'ai bien réussi : _____

Pourquoi ? _____
_____

Ce que j'ai aimé : _____

Pourquoi ? _____
_____

Ce que j'ai trouvé difficile : _____

Pourquoi ? _____
_____

Les stratégies (trucs) qui m'ont aidée ou aidé à faire l'activité : _____
_____

Ce que j'ai appris en faisant ce travail : _____
_____

Je pourrai me servir de ce que je viens d'apprendre quand...
_____
_____

Mon prochain défi : _____
_____

Mes commentaires : _____
_____
_____
_____

Notes de l'enseignante : _____
_____
_____
_____

5. Le *Titanic* à la rencontre de l'iceberg
a) *Titanic* le magnifique

Composantes	Processus	Objectifs
Fiche de lecture Corrigé	Macroprocessus, processus d'élaboration et compréhension applicative	• Sélectionner les éléments importants à l'oral et/ou à l'écrit. • Lire et interpréter les questions. • Ajuster ses connaissances antérieures.
Anticipation dans les phrases lacunaires avec synonymes comme choix de réponses Corrigé	• Microprocessus en lecture • Macroprocessus en lecture	• Développer l'anticipation dans une phrase. • Utiliser les mots *avant* et *après* pour découvrir le sens de la phrase. • Se servir du sens du paragraphe, du texte pour découvrir le mot à anticiper.
Genre et nombre Corrigé	Évoquer et rectifier l'orthographe grammaticale selon les règles apprises.	Déterminer le genre et le nombre des noms.
Former des groupes du nom Corrigé	Évoquer et rectifier l'orthographe grammaticale selon les règles apprises.	Accorder les éléments du groupe du nom.
Oups! À la recherche des erreurs Corrigé	Évoquer et rectifier l'orthographe grammaticale selon les règles apprises.	Repérer les mots mal orthographiés et corriger les accords.
Majuscules et points Corrigé par le texte	Ajuster la ponctuation selon les règles apprises.	Rétablir la ponctuation à l'aide de majuscules et de points.

Titanic le magnifique

Les débuts du *Titanic*

Bruce Ismay, directeur d'une des plus grandes compagnies maritimes du monde, veut gagner la course de la traversée la plus rapide de l'Atlantique Nord. En 1907, il décide d'entreprendre la construction de trois paquebots transatlantiques : l'*Olympic*, le *Titanic* et le *Gigantic*. C'est en Irlande du Nord que va débuter la construction de ces trois paquebots géants. L'entreprise de construction emploie plus de 1400 personnes et peut fabriquer jusqu'à huit navires à la fois. C'est le 31 mars 1909 que débute la construction du *Titanic*. Deux ans plus tard, au mois de mai, on met le *Titanic* à l'eau. Fait surprenant, on a enduit la coque du paquebot transatlantique de 20 tonnes de savon et de suif (graisse) pour lui permettre de mieux glisser vers l'eau.

Un navire dit insubmersible

Le *Titanic* est le premier bateau au monde à offrir à ses passagers une sécurité optimale. Il a été conçu pour résister à toutes sortes d'intempéries ou d'accidents. Ce paquebot est divisé en 16 compartiments étanches. Si jamais l'un d'eux est touché, on peut tout de même fermer les cloisons (murs) à l'aide d'une commande électrique. On peut également les fermer manuellement. Le navire possède aussi huit gigantesques pompes qui peuvent évacuer 400 tonnes d'eau à l'heure. Ainsi, même si quatre compartiments sont inondés, le navire peut continuer à flotter.

Les dimensions du *Titanic* sont énormes et le mettent donc à l'abri des redoutables tempêtes de l'Atlantique Nord. Aussi étonnant pour l'époque, le paquebot est muni de détecteurs de fumée, d'une sirène d'alarme en cas d'incendie et d'un appareil de détection acoustique, une sorte de radar, pour repérer les obstacles sous l'eau.

On y trouve aussi une installation téléphonique d'avant-garde divisée en deux parties : le groupe de navigation et le système interne. Le groupe de navigation relie la passerelle de commandement à tous les postes stratégiques du bateau. Le système interne permet aux clients qui occupent les cabines de luxe de communiquer avec les différents services offerts sur le paquebot. Il est d'une capacité de 50 lignes téléphoniques. En plus, le *Titanic* possède une installation de télégraphie sans fil (T.S.F.) qui permet d'émettre et de recevoir des messages en morse.

Fiche de lecture

1. En quelle année Bruce Ismay décide-t-il d'entreprendre la construction de paquebots transatlantiques ?

   _____

2. Combien de personnes seront employées dans l'entreprise de construction ?

   _____

3. En quelle année met-on le *Titanic* à l'eau ?

   _____

4. Pourquoi enduit-on la coque du *Titanic* de savon et de suif ?

   _____

   _____

   _____

   _____

5. Pourquoi disait-on du *Titanic* qu'il était insubmersible ? Donne deux éléments de réponse.

   _____

   _____

   _____

6. Nomme des appareils qui servaient à la sécurité du navire.

   _____

   _____

   _____

7. Qu'y avait-il de particulier dans les cabines de luxe ?

   _____

   _____

   _____

8. Si tu avais eu la chance de visiter le *Titanic*, qu'aurais-tu trouvé le plus impressionnant ? Justifie ta réponse.

   _____

   _____

   _____

   _____

Anticipation dans les phrases lacunaires avec synonymes comme choix de réponses

Ne te perds pas sur le *Titanic* ! Repère le bon synonyme dans l'encadré.

- constitué de
- équipé
- énormes
- gigantesques
- proportions
- paquebot
- détecter
- remporter
- divers
- étonnant
- d'engager
- à la main
- d'envoyer
- surprenant
- luxueuses

Les débuts du *Titanic*

Bruce Ismay, directeur d'une des plus grandes compagnies maritimes du monde, veut _____ la course de la traversée la plus rapide de l'Atlantique Nord. En 1907, il décide _____ la construction de trois paquebots transatlantiques : l'*Olympic*, le *Titanic* et le *Gigantic*. C'est en Irlande du Nord que va débuter la construction de ces trois paquebots _____. L'entreprise de construction emploie plus de 1 400 personnes et peut fabriquer jusqu'à huit navires à la fois. C'est le 31 mars 1909 que débute la construction du *Titanic*. Deux ans plus tard, au mois de mai, on met le *Titanic* à l'eau. Fait _____ , on a enduit la coque du paquebot transatlantique de 20 tonnes de savon et de suif (graisse) pour lui permettre de mieux glisser vers l'eau.

Un navire dit insubmersible

Le *Titanic* est le premier bateau au monde à offrir à ses passagers une sécurité optimale. Il a été conçu pour résister à toutes sortes d'intempéries ou d'accidents. Ce paquebot est _____ 16 compartiments étanches. Si jamais l'un d'eux est touché, on peut tout de même fermer les cloisons (murs) à l'aide d'une commande électrique. On peut également les fermer

_____ . Le navire possède aussi huit _____

pompes qui peuvent évacuer 400 tonnes d'eau à l'heure. Ainsi, même si quatre

compartiments sont inondés, le _____ peut continuer à flotter.

Les _____ du *Titanic* sont énormes et le mettent donc à l'abri

des redoutables tempêtes de l'Atlantique Nord. Aussi _____ pour

l'époque, le paquebot est _____ de détecteurs de fumée, d'une

sirène d'alarme en cas d'incendie et d'un appareil de détection acoustique, une

sorte de radar, pour _____ les obstacles sous l'eau.

On y trouve aussi une installation téléphonique d'avant-garde divisée en deux

parties : le groupe de navigation et le système interne. Le groupe de navigation

relie la passerelle de commandement à tous les postes stratégiques du bateau.

Le système interne permet aux clients qui occupent les cabines

_____ de communiquer avec les _____

services offerts sur le paquebot. Il est d'une capacité de 50 lignes téléphoniques.

En plus, le *Titanic* possède une installation de télégraphie sans fil (T.S.F.) qui permet

_____ et de recevoir des messages

en morse.

Genre et nombre

Dis si les mots suivants sont des adjectifs ou des noms. Écris leur genre et leur nombre.

compagnies : _____

optimale : _____

maritimes : _____

sécurité : _____

paquebots : _____

géants : _____

tempêtes : _____

redoutables : _____

étanches : _____

compartiments : _____

Former des groupes du nom

Voici trois séries de mots : des noms, des déterminants et des adjectifs.

Noms	Déterminants	Adjectifs
• compagnies	• les	• optimale
• sécurité	• une	• maritimes
• paquebots	• seize (16)	• géants
• tempêtes	• des	• étanches
• compartiments	• trois	• redoutables

Pour composer des groupes du nom :

- trouve, dans la deuxième colonne, un déterminant qui s'accorde avec chaque nom que tu choisis ;

- choisis un adjectif de la troisième colonne et assure-toi qu'il est bien accordé avec le nom qu'il accompagne ;

- chaque déterminant doit être utilisé.

a) _____

b) _____

c) _____

d) _____

e) _____

Oups ! À la recherche des erreurs

Les phrases suivantes contiennent des erreurs. Les mots ne sont pas toujours bien accordés dans les groupes du nom.

- Repère les mots mal orthographiés et encercle-les.
- Corrige chaque erreur en écrivant le mot correctement au-dessus du mot que tu as encerclé.

1. Le *Titanic* est le premier bateaux au monde à offrir à ses passagers une

   sécurité optimal.

2. Ce paquebot est divisée en 16 compartiment étanche.

3. Les dimension du *Titanic* sont énormes et le mettent donc à l'abri

   des redoutable tempête de l'Atlantique Nord.

4. Le *Titanic* possède une installations de télégraphie sans fil (T.S.F.)

   qui permet d'émettre et de recevoir des message en morce.

Majuscules et points

Le texte qui suit contient cinq phrases dans lesquelles nous avons oublié de mettre les majuscules et les points.

Peux-tu les placer correctement ?

le *Titanic* est le premier bateau au monde à offrir à ses passagers une sécurité

optimale il a été conçu pour résister à toutes sortes d'intempéries ou d'accidents

ce paquebot est divisé en 16 compartiments étanches si jamais l'un d'eux est

touché, on peut tout de même fermer les cloisons (murs) à l'aide d'une

commande électrique on peut également les fermer manuellement

1. En quelle année Bruce Ismay décide-t-il d'entreprendre la construction de paquebots transatlantiques ?

   Il entreprend la construction des paquebots en 1907.

2. Combien de personnes seront employées dans l'entreprise de construction ?

   L'entreprise de construction emploie 1400 personnes.

3. En quelle année met-on le *Titanic* à l'eau ?

   Deux ans plus tard, au mois de mai 1911

4. Pourquoi enduit-on la coque du *Titanic* de savon et de suif ?

   Pour lui permettre de mieux glisser vers l'eau

5. Pourquoi disait-on du *Titanic* qu'il était insubmersible ? Donne deux éléments de réponse.

   Il est divisé en 16 compartiments étanches. On peut fermer les cloisons entre les

   compartiments. Il possède huit gigantesques pompes.

6. Nomme des appareils qui servaient à la sécurité du navire.

   Détecteurs de fumée, sirène d'alarme en cas d'incendie, appareil de détection acoustique

   (radar)

7. Qu'y avait-il de particulier dans les cabines de luxe ?

   Il y avait une installation téléphonique interne.

8. Si tu avais eu la chance de visiter le *Titanic*, qu'aurais-tu trouvé le plus impressionnant ? Justifie ta réponse.

   Réponses variables

Ne te perds pas sur le *Titanic* ! Repère le bon synonyme dans l'encadré.

• constitué de	• paquebot	• d'engager
• équipé	• détecter	• à la main
• énormes	• remporter	• d'envoyer
• gigantesques	• divers	• surprenant
• proportions	• étonnant	• luxueuses

Les débuts du *Titanic*

Bruce Ismay, directeur d'une des plus grandes compagnies maritimes du monde, veut _____remporter_____ la course de la traversée la plus rapide de l'Atlantique Nord. En 1907, il décide _____d'engager_____ la construction de trois paquebots transatlantiques : l'*Olympic*, le *Titanic* et le *Gigantic*. C'est en Irlande du Nord que va débuter la construction de ces trois paquebots _____gigantesques_____. L'entreprise de construction emploie plus de 1 400 personnes et peut fabriquer jusqu'à huit navires à la fois. C'est le 31 mars 1909 que débute la construction du *Titanic*. Deux ans plus tard, au mois de mai, on met le *Titanic* à l'eau. Fait _____étonnant_____ , on a enduit la coque du paquebot transatlantique de 20 tonnes de savon et de suif (graisse) pour lui permettre de mieux glisser vers l'eau.

Un navire dit insubmersible

Le *Titanic* est le premier bateau au monde à offrir à ses passagers une sécurité optimale. Il a été conçu pour résister à toutes sortes d'intempéries ou d'accidents. Ce paquebot est _____constitué de_____ 16 compartiments étanches. Si jamais l'un d'eux est touché, on peut tout de même fermer les cloisons (murs) à l'aide d'une commande électrique. On peut également les fermer

_____ à la main _____ . Le navire possède aussi huit _____ énormes _____

pompes qui peuvent évacuer 400 tonnes d'eau à l'heure. Ainsi, même si quatre

compartiments sont inondés, le _____ paquebot _____ peut continuer à flotter.

Les _____ proportions _____ du _Titanic_ sont énormes et le mettent donc à l'abri

des redoutables tempêtes de l'Atlantique Nord. Aussi _____ surprenant _____ pour

l'époque, le paquebot est _____ équipé _____ de détecteurs de fumée, d'une

sirène d'alarme en cas d'incendie et d'un appareil de détection acoustique, une

sorte de radar, pour _____ détecter _____ les obstacles sous l'eau.

On y trouve aussi une installation téléphonique d'avant-garde divisée en deux

parties : le groupe de navigation et le système interne. Le groupe de navigation

relie la passerelle de commandement à tous les postes stratégiques du bateau.

Le système interne permet aux clients qui occupent les cabines

_____ luxueuses _____ de communiquer avec les _____ divers _____

services offerts sur le paquebot. Il est d'une capacité de 50 lignes téléphoniques.

En plus, le _Titanic_ possède une installation de télégraphie sans fil (T.S.F.) qui permet

_____ d'envoyer _____ et de recevoir des messages

en morse.

Dis si les mots suivants sont des adjectifs ou des noms. Écris leur genre et leur nombre.

compagnies : nom, féminin, pluriel

optimale : adjectif, féminin, singulier

maritimes : adjectif, féminin, pluriel

sécurité : nom, féminin, singulier

paquebots : nom, masculin, pluriel

géants : nom ou adjectif, masculin, pluriel

tempêtes : nom, féminin, pluriel

redoutables : adjectif, masculin ou féminin, pluriel

étanches : adjectif, masculin ou féminin, pluriel

compartiments : nom, masculin, pluriel

Voici trois séries de mots : des noms, des déterminants et des adjectifs.

Noms	Déterminants	Adjectifs
• compagnies	• les	• optimale
• sécurité	• une	• maritimes
• paquebots	• seize (16)	• géants
• tempêtes	• des	• étanches
• compartiments	• trois	• redoutables

Pour composer des groupes du nom :

- trouve, dans la deuxième colonne, un déterminant qui s'accorde avec chaque nom que tu choisis ;

- choisis un adjectif de la troisième colonne et assure-toi qu'il est bien accordé avec le nom qu'il accompagne ;

- chaque déterminant doit être utilisé.

a) des compagnies maritimes

b) une sécurité optimale

c) trois paquebots géants

d) des tempêtes redoutables

e) 16 compartiments étanches

Note : les réponses peuvent varier.

Les phrases suivantes contiennent des erreurs. Les mots ne sont pas toujours bien accordés dans les groupes du nom.

- Repère les mots mal orthographiés et encercle-les.

- Corrige chaque erreur en écrivant le mot correctement au-dessus du mot que tu as encerclé.

1. Le *Titanic* est le premier *bateau* (bateaux) au monde à offrir à ses passagers une

    sécurité *optimale* (optimal.)

2. Ce paquebot est *divisé* (divisée) en 16 *compartiments* *étanches* (compartiment étanche.)

3. Les *dimensions* (dimension) du *Titanic* sont énormes et le mettent donc à l'abri

    des *redoutables* *tempêtes* (redoutable tempête) de l'Atlantique Nord.

4. Le *Titanic* possède une *installation* (installations) de télégraphie sans fil (T.S.F.)

    qui permet d'émettre et de recevoir des *messages* (message) en *morse* (morce.)

Le texte qui suit contient cinq phrases dans lesquelles nous avons oublié de mettre les majuscules et les points.

Peux-tu les placer correctement ?

Le *Titanic* est le premier bateau au monde à offrir à ses passagers une sécurité optimale. Il a été conçu pour résister à toutes sortes d'intempéries ou d'accidents.

Ce paquebot est divisé en 16 compartiments étanches. Si jamais l'un d'eux est touché, on peut tout de même fermer les cloisons (murs) à l'aide d'une commande électrique. On peut également les fermer manuellement.

5. Le *Titanic* à la rencontre de l'iceberg
b) L'iceberg qui a fait couler le *Titanic*

Composantes	Processus	Objectifs
Fiche de lecture Corrigé	Macroprocessus, processus d'élaboration et compréhension applicative	• Sélectionner les éléments importants. • Lire et interpréter les questions. • Faire des liens avec ses connaissances antérieures.
D'autres mots pour dire différemment Corrigé	Transformer des énoncés pour préciser ou nuancer certains éléments en ajoutant, effaçant, déplaçant ou remplaçant des mots ou des groupes de mots.	Améliorer la qualité du vocabulaire et la structure de phrases.
Les référents Corrigé	Processus d'intégration	Établir les liens entre les référents et les mots de substitution.
Mots dans le dictionnaire Corrigé	Écrire des textes variés	• Développer son habileté à chercher dans le dictionnaire. • Enrichir son vocabulaire. • Augmenter son bagage lexical.
Repérer les verbes et découvrir leur infinitif Corrigé	Repérer le verbe conjugué et découvrir les principaux temps verbaux.	Repérer le verbe conjugué et trouver son infinitif.
Classification de mots Corrigé	Microprocessus et mécanismes d'identification des mots	Repérer les indices graphophonétiques du son « an ».

L'iceberg qui a fait couler le *Titanic*

D'où vient-il?

Tu sais que dans les régions très froides de la planète existent des banquises. Une banquise, c'est un très vaste amas de glace permanente. Cette glace est formée par la congélation des eaux marines au large des côtes polaires. C'est là que tu peux observer les phoques regroupés en bandes.

Qu'est-ce que c'est?

L'iceberg est donc un gros morceau de glace qui se détache de la banquise et qui est transporté par les courants marins. Il constitue un danger certain pour les bateaux. Quelquefois, lorsque l'iceberg est gros, il est facilement repérable. Cependant, s'il est plat et qu'il sort à peine de l'eau, il peut causer des dommages considérables aux embarcations qui risquent de le heurter sans le voir.

Il faut savoir que la taille de l'iceberg peut parfois impressionner. L'iceberg peut ressembler à une île flottante de plusieurs centaines de kilomètres de long. Imagine un peu…

Il est intéressant aussi de savoir que seule une petite partie de l'iceberg sort de l'eau. Il n'y a que le septième de celui-ci que tu peux voir émerger. La plus grande partie de cette masse compacte de glace demeure cachée sous l'eau glacée.

Il arrive que l'iceberg se fissure en se déplaçant. Cela s'explique par les mouvements de la marée et la force des tempêtes qui finissent par le fendre. Ces morceaux qui se déplacent représentent, à leur tour, des dangers importants pour la navigation.

C'est dans la nuit du dimanche 14 au lundi 15 avril 1912 qu'a eu lieu le naufrage du *Titanic*. Ce paquebot heurta un iceberg dans l'Atlantique Nord au sud de Terre-Neuve.

Fiche de lecture

L'histoire

1. De quel navire est-il question dans cette histoire ?

   _____

   _____

2. **a)** Qu'est-ce qu'un iceberg ?

   _____

   _____

   _____

   b) D'où un iceberg peut-il provenir ?

   _____

   _____

   _____

Toi

3. Penses-tu que ce naufrage était prévisible ? Explique ta réponse.

   _____

   _____

   _____

   _____

4. Penses-tu qu'il y a eu des changements dans la construction des bateaux depuis le naufrage du *Titanic* ?

   _____

   _____

   _____

   _____

   _____

   _____

D'autres mots pour dire différemment

Enrichis les phrases en variant le vocabulaire. Tu peux utiliser un dictionnaire de synonymes.

Exemple : La grande vague entre dans le bateau.
L'énorme vague envahit le bateau.
La vague gigantesque inonde le bateau.

1. Un iceberg **est** un danger certain pour les bateaux.

_____

_____

_____

2. Quelquefois, quand l'iceberg est **gros**, il est facilement repérable.

_____

_____

_____

_____

3. Seule une **petite** partie de l'iceberg émerge de l'eau.

_____

_____

_____

4. Il arrive que l'iceberg se **casse** en se déplaçant.

_____

_____

_____

_____

5. Au large des côtes polaires, tu peux **voir** les phoques regroupés en bandes.

_____

_____

_____

_____

Nom : _____   Date : _____

Les référents

Découvre les référents des mots en caractère gras.

Il arrive que l'iceberg se fissure en se déplaçant. **Il** ne peut résister ni aux mouvements de la marée ni à la force des tempêtes **qui** finissent par le fendre. **Ces dernières** s'avèrent redoutables. Les morceaux de glace qui **se** déplacent représentent, à leur tour, des dangers importants pour les embarcations. **Ils** perturbent alors la navigation.

Il   _____

qui   _____

Ces dernières   _____

se   _____

Ils   _____

Mots dans le dictionnaire

Viens-tu en mer ? Encercle les mots qui désignent un mode de transport maritime.

- pétrolier
- cargo
- motomarine
- kayak

paquebot

sous-marin

catamaran

hydravion

véliplanchiste

voilier

canot

yacht

À l'aide de ton dictionnaire, trouve les différences entre :

un cargo et un pétrolier

_____

_____

_____

_____

un kayak et un canot

_____

_____

_____

_____

un paquebot et un hydravion

_____

_____

_____

_____

un voilier et un catamaran

_____

_____

_____

_____

Repérer les verbes et découvrir leur infinitif

Dans cette partie de texte sur l'iceberg, repère tous les verbes conjugués et indique leur infinitif.

Qu'est-ce que c'est ?

Il s'agit d'un gros morceau de glace qui se détache de la banquise et que transportent les courants marins. Il constitue un danger certain pour les bateaux. Quelquefois, lorsque l'iceberg est gros, on peut facilement le repérer. Cependant, s'il est plat et qu'il sort à peine de l'eau, il peut causer des dommages considérables aux embarcations qui risquent de le heurter sans le voir.

Verbes	Infinitif

Nom : _____   Date : _____

Classification de mots

Classe les mots suivants dans la bonne colonne du tableau :

- banquise
- courant
- centaine
- fendre
- Atlantique
- permanent
- facilement
- grande
- danger
- bande
- cependant
- mouvement
- dimanche

Le son (an) s'écrit « an »	Le son (an) s'écrit « en »	Le son (an) s'écrit « ent »	Le son (an) s'écrit « ant »

Fiche de lecture

L'histoire

1. De quel navire est-il question dans cette histoire?

Il est question du *Titanic*.

2. a) Qu'est-ce qu'un iceberg?

C'est un gros morceau de glace qui se détache de la banquise et qui est transporté par

les courants marins.

b) D'où un iceberg peut-il provenir?

Il provient d'une banquise.

Toi

3. Penses-tu que ce naufrage était prévisible? Explique ta réponse.

Réponses variables

4. Penses-tu qu'il y a eu des changements dans la construction des bateaux depuis le naufrage du *Titanic*?

Réponses variables

D'autres mots pour dire différemment

Corrigé

Enrichis les phrases en variant le vocabulaire. Tu peux utiliser un dictionnaire de synonymes.

Exemple : La grande vague entre dans le bateau.
La **énorme** vague envahit le bateau.
La vague gigantesque inonde le bateau.

1. Un iceberg **est** un danger certain pour les bateaux.
   représente, présente, provoque, demeure, s'avère, entraîne, constitue, occasionne

   _____

   _____

2. Quelquefois, quand l'iceberg est **gros**, il est facilement repérable.
   immense, géant, gigantesque, énorme

   _____

   _____

   _____

3. Seule une **petite** partie de l'iceberg émerge de l'eau.
   minime, infime

   _____

   _____

   _____

4. Il arrive que l'iceberg se **casse** en se déplaçant.
   brise, fende, fracasse, rompe, morcelle, fissure

   _____

   _____

   _____

5. Au large des côtes polaires, tu peux **voir** les phoques regroupés en bandes.
   regarder, apercevoir, distinguer, percevoir, entrevoir, découvrir, discerner, remarquer

   _____

   _____

   _____

Découvre les référents des mots en caractère gras.

Il arrive que l'iceberg se fissure en se déplaçant. **Il** ne peut résister ni aux mouvements de la marée ni à la force des tempêtes **qui** finissent par le fendre. **Ces dernières** s'avèrent redoutables. Les morceaux de glace qui **se** déplacent représentent, à leur tour, des dangers importants pour les embarcations. **Ils** perturbent alors la navigation.

Il	l'iceberg
qui	les tempêtes
Ces dernières	les tempêtes
se	les morceaux de glace
Ils	les morceaux de glace

Viens-tu en mer ? Encercle les mots qui désignent un mode de transport maritime.

- (pétrolier)   (paquebot)   véliplanchiste

- (cargo)   (sous-marin)   (voilier)

- (motomarine)   (catamaran)   (canot)

- (kayak)   hydravion   (yacht)

À l'aide de ton dictionnaire, trouve les différences entre :

un cargo et un pétrolier

cargo : navire réservé au transport des marchandises.

pétrolier : navire-citerne pour le transport du pétrole.

_____

_____

un kayak et un canot

kayak : embarcation individuelle des Inuits. Embarcation de sport étanche et légère propulsée

par une pagaie double.

canot : embarcation individuelle ou non, propulsée par un aviron.

_____

un paquebot et un hydravion

paquebot : grand navire aménagé pour le transport des passagers.

hydravion : avion conçu pour prendre son envol sur la surface de l'eau et pour s'y poser.

_____

_____

un voilier et un catamaran

voilier : bateau à voile à une coque.

catamaran : navire à voile ou à moteur comportant deux coques accouplées.

_____

_____

Repérer les verbes et découvrir leur infinitif

Corrigé

Dans cette partie de texte sur l'iceberg, repère tous les verbes conjugués et indique leur infinitif.

Qu'est-ce que c'est ?

Il s'agit d'un gros morceau de glace qui se détache de la banquise et que transportent les courants marins. Il constitue un danger certain pour les bateaux. Quelquefois, lorsque l'iceberg est gros, on peut facilement le repérer. Cependant, s'il est plat et qu'il sort à peine de l'eau, il peut causer des dommages considérables aux embarcations qui risquent de le heurter sans le voir.

Verbes	Infinitif
s'agit	s'agir
se détache	se détacher
transportent	transporter
constitue	constituer
est	être
peut	pouvoir
est	être
sort	sortir
peut	pouvoir
risquent	risquer

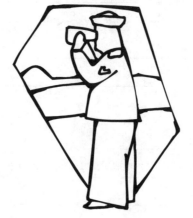

Classe les mots suivants dans la bonne colonne du tableau :

- banquise
- courant
- centaine
- fendre
- Atlantique
- permanent
- facilement
- grande
- danger
- bande
- cependant
- mouvement
- dimanche

Le son (an) s'écrit « an »	Le son (an) s'écrit « en »	Le son (an) s'écrit « ent »	Le son (an) s'écrit « ant »
banquise	centaine	permanent	courant
bande	fendre	facilement	cependant
grande	cependant	mouvement	
danger			
dimanche			
Atlantique			

5. Le *Titanic* à la rencontre de l'iceberg
c) La rencontre de l'iceberg

Composantes	Processus	Objectifs
Le temps s'arrête Corrigé	• Microprocessus • Identifier l'heure. • Macroprocessus	• Repérer l'information importante et la relier au temps du texte. • Convertir l'heure chiffrée en utilisant une représentation avec les aiguilles. • Organiser le déroulement du récit. Clarifier sa compréhension.
D'autres mots pour dire différemment Corrigé	Transformer des énoncés pour préciser ou nuancer certains éléments en ajoutant, effaçant, déplaçant ou remplaçant des mots ou des groupes de mots.	Améliorer la qualité du vocabulaire et la structure de phrases.
Les deux conjugaisons Corrigé	Amener l'élève à connaître la conjugaison des verbes.	• Classer les verbes selon leur conjugaison. • Composer des phrases avec des temps de verbes variés.
Des phrases à regarder de près Corrigé	Comprendre, analyser et rectifier la structure de la phrase.	Structurer adéquatement les phrases.
L'ordre alphabétique Corrigé	Développer des habiletés efficaces de classification en ordre alphabétique.	Amener l'élève à être plus efficace dans sa classification en ordre alphabétique.
Un peu de mathématique Corrigé	Raisonner à l'aide de concepts et de processus mathématiques.	• Lire et comprendre un problème mathématique. • Utiliser les techniques d'addition, de soustraction, de multiplication et de division. • Ordonner les données numériques relatives au concept de l'heure en ordre croissant.

La rencontre de l'iceberg

Le 12 avril 1912 :

Le *Titanic* quitte le port de Southampton en Angleterre en direction de New York avec 2 227 passagers à son bord.

Le 14 avril 1912 :

Le paquebot approche des côtes de Terre-Neuve. La température extérieure a beaucoup baissé. Le *Titanic* fend les eaux à une vitesse de 22 nœuds, soit 700 mètres à la minute.

Dans la nuit du dimanche 14 avril :

— 23 h 40 : Les veilleurs, près du grand mât, se penchent en avant et aperçoivent un iceberg qui sort de la brume. Il est à plusieurs centaines de mètres de la coque du navire. Ils donnent trois coups de cloche pour sonner l'alarme et téléphonent à l'officier Murdoch : «Iceberg droit devant !» L'officier commande de virer à bâbord, de stopper les machines et de mettre le navire en marche arrière. Les cloisons étanches sont aussi fermées. Malheureusement, le navire va trop vite, sa manœuvre s'effectue trop lentement et la collision est inévitable.

— 23 h 45 : C'est le moment de l'impact. L'iceberg perce la coque du navire et fait six entailles de la grosseur d'un doigt. La plus longue mesure 76 mètres de long. La masse de glace éventre les cinq premiers compartiments faisant pénétrer l'eau glacée de l'océan en très grande quantité. De nombreux morceaux de glace tombent sur le pont. Le moment est venu d'inspecter les dégâts. Le bateau a une inclinaison de 5 degrés sur tribord.

— 24 h 00 (minuit) : Le capitaine commande de lancer des appels de détresse aux navires se trouvant à proximité. Il donne la position du *Titanic* dans l'espoir de recevoir des secours dans les plus brefs délais. Ces messages à l'aide sont envoyés grâce au télégraphe sans fil.

— 0 h 15 : Selon les responsables du navire, le *Titanic* n'en a plus que pour une heure ou deux avant de sombrer. Une fois l'étendue des dégâts constatée, le capitaine Smith, un homme de mer très expérimenté, prend la décision de faire évacuer le navire. Malheureusement, la moitié des passagers est condamnée à mort puisqu'il n'y a pas suffisamment de canots de sauvetage à bord.

— 0 h 25 : Le *Titanic* envoie le premier S.O.S. de l'histoire maritime. Plusieurs navires ont entendu l'appel au secours.

— 0 h 45 : Les passagers sont avertis de s'habiller chaudement, de mettre leur gilet de sauvetage et de s'apprêter à embarquer dans les canots de sauvetage. Les premiers canots, pouvant contenir 65 passagers, quittent le navire remplis à moins de la moitié de leur capacité. En fin de compte, 472 des places disponibles n'ont pas été utilisées à cause de la peur qui s'était emparée des passagers. Pendant tout le temps que dure l'embarquement dans les canots, les musiciens continuent de jouer sur le pont, démontrant un courage inouï.

— 0 h 55 : Les premières fusées de détresse sont lancées, ce qui cause un mouvement de panique chez les passagers.

— 2 h 00 : Vers deux heures, le dernier canot s'éloigne. L'orchestre joue toujours sur le pont et près de 1 500 personnes se trouvent encore à bord.

— 2 h 18 : Tout à coup, les passagers entendent des craquements. Peu après, le navire se rompt en deux et sombre dans la mer.

— 4 h 10 : Le navire *Carphatia* arrive enfin sur les lieux du naufrage. L'opération de sauvetage dure sept heures. D'autres bateaux arrivent mais plus tard... trop tard.

Il n'y eut, de ce naufrage, que 727 survivants.

Le temps s'arrête

Indique l'heure à laquelle se sont passés ces événements. Replace-les dans le bon ordre en les numérotant.

Ordre	Énoncés	Heure en chiffres	Heure avec les aiguilles
	1. On inspecte les dégâts car des morceaux de glace ont endommagé le pont du bateau. L'eau s'infiltre abondamment.		
	2. Beaucoup de passagers se trouvent encore sur le bateau en perdition mais les musiciens continuent de jouer.		
	3. L'alarme sonne, l'iceberg est tout près. L'inévitable se produit. Le bateau va trop vite même si tout est tenté pour ralentir sa course.		
	4. Le capitaine utilise le télégraphe sans fil pour envoyer des messages de détresse.		
	5. Le sauvetage des passagers du *Titanic* dure des heures et des heures.		
	6. Il est temps d'abandonner le navire mais il n'y a pas assez d'équipement de secours pour sauver tous les passagers.		

D'autres mots pour dire différemment

Réécris la phrase en utilisant une formulation différente.

1. L'iceberg perce la coque du navire sur plus de 76 mètres de long.

_____

_____

_____

_____

2. L'eau glacée de l'océan entre en grande quantité dans les cinq premiers compartiments.

_____

_____

_____

_____

3. Le capitaine commande de lancer des appels de détresse aux navires se trouvant à proximité.

_____

_____

_____

_____

4. Le capitaine Smith prend la décision de faire évacuer le navire.

_____

_____

_____

_____

5. Quand les premières fusées de détresse sont lancées, cela cause un mouvement de panique chez les passagers.

_____

_____

_____

_____

Les deux conjugaisons

Classe les verbes de la liste dans la bonne colonne du tableau.

- envoyer
- évacuer
- sortir
- inspecter
- avertir
- embarquer
- entendre
- recevoir
- prendre
- utiliser
- apercevoir
- tourner

1re conjugaison (verbes en « er »)	2e conjugaison (les autres verbes)

Choisis deux verbes dans chacune des deux conjugaisons et compose une phrase complète et riche en employant chacun d'eux (tu composeras donc quatre phrases en tout). De plus, utilise un temps différent pour chacune des phrases : présent, imparfait, futur simple et passé composé.

_____
_____
_____
_____
_____
_____
_____
_____

Des phrases à regarder de près...

Les phrases suivantes ne sont pas bien construites et contiennent des fautes d'orthographe. Corrige-les en t'inspirant du texte.

1. Les veilleurs donne trois coups de cloche et téléphonent l'officier Murdoch.

   _____

   _____

   _____

   _____

2. L'officier de virer à bâbord, de stopper les machines et de mettre le navire marche arrière.

   _____

   _____

   _____

   _____

3. perce la coque du navire sur plus de 76 mètres long.

   _____

   _____

   _____

4. Capitaine commande de lancer des appels de détresse à les navires se trouvant à proximité.

   _____

   _____

   _____

   _____

5. Ces messages à l'aide est envoyés grâce télégraphe sans fil.

   _____

   _____

   _____

   _____

L'ordre alphabétique

Replace en ordre alphabétique les mots suivants :

• Titanic	• trop	• tellement
• température	• trois	• téléphone
• tombent	• toujours	• tourne
• télégraphe		

1. _____   6. _____

2. _____   7. _____

3. _____   8. _____

4. _____   9. _____

5. _____   10. _____

• commande	• coque	• craquements
• cloisons	• canots	• coupe
• collision	• continuent	• chaudement
• cloche		

1. _____   6. _____

2. _____   7. _____

3. _____   8. _____

4. _____   9. _____

5. _____   10. _____

Un peu de mathématique

Résolution de problèmes :

1. Si le *Titanic* fend les eaux à une vitesse de 700 mètres à la minute, combien de mètres aura-t-il parcourus en 5 minutes ? Combien de mètres aura-t-il parcourus en 10 minutes ? Combien en 1 heure ?

    _____

    _____

    _____

    _____

    _____

2. Un iceberg a percé la coque d'un autre navire sur une longueur de 90 mètres. Il a endommagé les cinq premiers compartiments. En supposant que les compartiments sont d'égale longueur, peux-tu trouver la longueur de chaque compartiment ?

    _____

    _____

3. Si le *Titanic* avait transporté 2 226 passagers et que le tiers des passagers avait pu être sauvé, peux-tu m'indiquer le nombre de passagers qui auraient survécu ?

    _____

    _____

4. Peux-tu replacer ces heures en ordre croissant ?

    0 h 55   23 h 40   4 h 10   2 h 00   0 h 25

    _____

    _____

5. Après le naufrage, on a compté 727 survivants. Sachant que, au départ, il y avait 2 227 passagers, calcule le nombre de passagers qui n'ont pas survécu.

    _____

    _____

    _____

    _____

Indique l'heure à laquelle se sont passés ces événements. Replace-les dans le bon ordre en les numérotant.

Ordre	Énoncés	Heure en chiffres	Heure avec les aiguilles
2	**1.** On inspecte les dégâts car des morceaux de glace ont endommagé le pont du bateau. L'eau s'infiltre abondamment.	23 h 45	
5	**2.** Beaucoup de passagers se trouvent encore sur le bateau en perdition mais les musiciens continuent de jouer.	0 h 45	
1	**3.** L'alarme sonne, l'iceberg est tout près. L'inévitable se produit. Le bateau va trop vite même si tout est tenté pour ralentir sa course.	23 h 40	
3	**4.** Le capitaine utilise le télégraphe sans fil pour envoyer des messages de détresse.	24 h 00	
6	**5.** Le sauvetage des passagers du *Titanic* dure des heures et des heures.	À partir de 4 h 10 jusqu'à environ 11 h 10	
4	**6.** Il est temps d'abandonner le navire mais il n'y a pas assez d'équipement de secours pour sauver tous les passagers.	0 h 15	

Réécris la phrase en utilisant une formulation différente.

Note : les réponses peuvent varier.

1. L'iceberg perce la coque du navire sur plus de 76 mètres de long.

   L'iceberg fissure la coque du navire sur une longueur de plus de 76 mètres.

   Le morceau de glace éventre le navire sur plus de 76 mètres.

2. L'eau glacée de l'océan entre en grande quantité dans les cinq premiers compartiments.

   L'eau glacée de la mer inonde les cinq premiers compartiments.

   Une grande quantité d'eau glacée immerge les cinq premières sections.

3. Le capitaine commande de lancer des appels de détresse aux navires se trouvant à proximité.

   Le capitaine ordonne d'émettre des appels de détresse aux navires avoisinants.

   Le maître à bord donne l'ordre de lancer des appels de détresse aux embarcations

   voisines.

4. Le capitaine Smith prend la décision de faire évacuer le navire.

   Monsieur Smith décide que tous les passagers doivent quitter le bateau.

   Le capitaine ordonne à tous les passagers l'évacuation du paquebot.

5. Quand les premières fusées de détresse sont lancées, cela cause un mouvement de panique chez les passagers.

   Les premières fusées de détresse déclenchent la panique chez les passagers.

   Les premiers signaux de détresse suscitent une très grande peur chez les voyageurs.

Classe les verbes de la liste dans la bonne colonne du tableau.

- envoyer
- évacuer
- sortir
- inspecter
- avertir
- embarquer
- entendre
- recevoir
- prendre
- utiliser
- apercevoir
- tourner

1re conjugaison (verbes en « er »)	2e conjugaison (les autres verbes)
envoyer	sortir
évacuer	avertir
inspecter	entendre
embarquer	recevoir
utiliser	prendre
tourner	apercevoir

Choisis deux verbes dans chacune des deux conjugaisons et compose une phrase complète et riche en employant chacun d'eux (tu composeras donc quatre phrases en tout). De plus, utilise un temps différent pour chacune des phrases : présent, imparfait, futur simple et passé composé.

Réponses variables

Les phrases suivantes ne sont pas bien construites et contiennent des fautes d'orthographe. Corrige-les en t'inspirant du texte.

1. Les veilleurs donne trois coups de cloche et téléphonent l'officier Murdoch.

   Les veilleurs (donnent) trois coups de cloche et téléphonent (à) l'officier Murdoch.

2. L'officier de virer à bâbord, de stopper les machines et de mettre le navire marche arrière.

   L'officier (ordonne ou commande) de virer à bâbord, de stopper les machines et de mettre

   le navire (en) marche arrière.

3. perce la coque du navire sur plus de 76 mètres long.

   (L'iceberg) perce la coque du navire sur plus de 76 mètres (de) long.

4. Capitaine commande de lancer des appels de détresse à les navires se trouvant à proximité.

   (Le) capitaine commande de lancer des appels de détresse (aux) navires se trouvant à

   proximité.

5. Ces messages à l'aide est envoyés grâce télégraphe sans fil.

   Ces messages à l'aide (sont) envoyés grâce (au) télégraphe sans fil.

Replace en ordre alphabétique les mots suivants :

• Titanic	• trop	• tellement
• température	• trois	• téléphone
• tombent	• toujours	• tourne
• télégraphe		

1. télégraphe

2. téléphone

3. tellement

4. température

5. Titanic

6. tombent

7. toujours

8. tourne

9. trois

10. trop

• commande	• coque	• craquements
• cloisons	• canots	• coupe
• collision	• continuent	• chaudement
• cloche		

1. canots

2. chaudement

3. cloche

4. cloisons

5. collision

6. commande

7. continuent

8. coque

9. coupe

10. craquements

Résolution de problèmes :

1. Si le *Titanic* fend les eaux à une vitesse de 700 mètres à la minute, combien de mètres aura-t-il parcourus en 5 minutes ? Combien de mètres aura-t-il parcourus en 10 minutes ? Combien en 1 heure ?

$700 \times 5 = 3\ 500$ mètres

$700 \times 10 = 7\ 000$ mètres

$700 \times 60 = 42\ 000$ mètres

2. Un iceberg a percé la coque d'un autre navire sur une longueur de 90 mètres. Il a endommagé les cinq premiers compartiments. En supposant que les compartiments sont d'égale longueur, peux-tu trouver la longueur de chaque compartiment ?

$90 \div 5 = 18$ mètres de long

3. Si le *Titanic* avait transporté 2 226 passagers et que le tiers des passagers avait pu être sauvé, peux-tu m'indiquer le nombre de passagers qui auraient survécu ?

$2\ 226 \div 3 = 742$ passagers

4. Peux-tu replacer ces heures en ordre croissant ?

0 h 55	23 h 40	4 h 10	2 h 00	0 h 25
0 h 25	0 h 55	2 h 00	4 h 10	23 h 40

5. Après le naufrage, on a compté 727 survivants. Sachant que, au départ, il y avait 2 227 passagers, calcule le nombre de passagers qui n'ont pas survécu.

$2\ 227 - 727 = 1\ 500$ passagers n'ont pas survécu

Nom : _____   Date : _____

Grille d'évaluation – Module d'apprentissage (texte narratif)

5. Le *Titanic* à la rencontre de l'iceberg
   a) *Titanic* le magnifique

Composantes	Objectifs	Évaluation
Fiche de lecture Corrigé	• Sélectionner les éléments importants à l'oral et/ou à l'écrit. • Lire et interpréter les questions. • Ajuster ses connaissances antérieures.	Commentaires : _____ _____ Modalité de travail : 🪑 🪑🪑 🪑 👥 Niveau d'aide : / // /// //// Date : _____
Anticipation dans les phrases lacunaires avec synonymes comme choix de réponses Corrigé	• Développer l'anticipation dans une phrase. • Utiliser les mots *avant* et *après* pour découvrir le sens de la phrase. • Se servir du sens du paragraphe, du texte pour découvrir le mot à anticiper.	Commentaires : _____ _____ Modalité de travail : 🪑 🪑🪑 🪑 👥 Niveau d'aide : / // /// //// Date : _____
Genre et nombre Corrigé	Identifier le genre et le nombre des noms.	Commentaires : _____ _____ Modalité de travail : 🪑 🪑🪑 🪑 👥 Niveau d'aide : / // /// //// Date : _____
Former des groupes du nom Corrigé	Accorder les éléments du groupe du nom.	Commentaires : _____ _____ Modalité de travail : 🪑 🪑🪑 🪑 👥 Niveau d'aide : / // /// //// Date : _____

Légende : 🪑 fait seul   🪑🪑🪑 fait en dyade   🪑 fait en équipe   👥 fait en groupe-classe

/ seul   // avec un petit coup de pouce   /// avec un gros coup de main   //// difficultés même avec de l'aide

Composantes	Objectifs	Évaluation
Oups ! À la recherche des erreurs Corrigé	Repérer les mots mal orthographiés et corriger les accords.	Commentaires : _____ _____ Modalité de travail : Niveau d'aide : / // /// //// Date : _____
Majuscules et points Corrigé par le texte	Rétablir la ponctuation à l'aide de majuscules et de points.	Commentaires : _____ _____ Modalité de travail : Niveau d'aide : / // /// //// Date : _____

Nom : _____   Date : _____

Grille d'autorégulation

Titre du module d'apprentissage : _____

Nom de l'activité : _____

J'ai fait l'activité : **/** seul   **//** avec un petit coup de pouce

/// avec un gros coup de main   **////** difficultés même avec de l'aide

Ce que j'ai bien réussi : _____

Pourquoi ? _____

_____

Ce que j'ai aimé : _____

Pourquoi ? _____

_____

Ce que j'ai trouvé difficile : _____

Pourquoi ? _____

_____

Les stratégies (trucs) qui m'ont aidée ou aidé à faire l'activité : _____

_____

Ce que j'ai appris en faisant ce travail : _____

_____

Je pourrai me servir de ce que je viens d'apprendre quand...

_____

_____

Mon prochain défi : _____

_____

Mes commentaires : _____

_____

_____

_____

Notes de l'enseignante : _____

_____

_____

_____

Nom : _____ Date : _____

Grille d'évaluation – Module d'apprentissage (texte narratif)

5. Le *Titanic* à la rencontre de l'iceberg
b) L'iceberg qui a fait couler le *Titanic*

Composantes	Objectifs	Évaluation
Fiche de lecture Corrigé	• Sélectionner les éléments importants. • Lire et interpréter les questions. • Faire des liens avec ses connaissances antérieures.	Commentaires : _____ _____ Modalité de travail : 🪑 🪑🪑 🪑🪑 👥👥 Niveau d'aide : / // /// //// Date : _____
D'autres mots pour dire différemment Corrigé	Améliorer la qualité du vocabulaire et la structure de phrases.	Commentaires : _____ _____ Modalité de travail : 🪑 🪑🪑 🪑🪑 👥👥 Niveau d'aide : / // /// //// Date : _____
Les référents Corrigé	Établir les liens entre les référents et les mots de substitution.	Commentaires : _____ _____ Modalité de travail : 🪑 🪑🪑 🪑🪑 👥👥 Niveau d'aide : / // /// //// Date : _____
Mots dans le dictionnaire Corrigé	• Développer son habileté à chercher dans le dictionnaire. • Enrichir son vocabulaire. • Augmenter son bagage lexical.	Commentaires : _____ _____ Modalité de travail : 🪑 🪑🪑 🪑🪑 👥👥 Niveau d'aide : / // /// //// Date : _____

Légende : 🪑 fait seul 🪑🪑 fait en dyade 🪑🪑🪑 fait en équipe 👥👥 fait en groupe-classe

/ seul // avec un petit coup de pouce /// avec un gros coup de main //// difficultés même avec de l'aide

Composantes	Objectifs	Évaluation
Repérer les verbes et découvrir leur infinitif Corrigé	Identifier le verbe conjugué et trouver son infinitif.	Commentaires : _____ _____ Modalité de travail : Niveau d'aide : / // /// //// Date : _____
Classification de mots Corrigé	Identifier les indices graphophonétiques du son « an ».	Commentaires : _____ _____ Modalité de travail : Niveau d'aide : / // /// //// Date : _____

Nom : _____ Date : _____

Grille d'autorégulation

Titre du module d'apprentissage : _____

Nom de l'activité : _____

J'ai fait l'activité : **/** seul **//** avec un petit coup de pouce

/// avec un gros coup de main **////** difficultés même avec de l'aide

Ce que j'ai bien réussi : _____

Pourquoi ? _____

_____

Ce que j'ai aimé : _____

Pourquoi ? _____

_____

Ce que j'ai trouvé difficile : _____

Pourquoi ? _____

_____

Les stratégies (trucs) qui m'ont aidée ou aidé à faire l'activité : _____

_____

Ce que j'ai appris en faisant ce travail : _____

_____

Je pourrai me servir de ce que je viens d'apprendre quand...

_____

_____

Mon prochain défi : _____

_____

Mes commentaires : _____

_____

_____

_____

Notes de l'enseignante : _____

_____

_____

_____

Nom : _____   Date : _____

Grille d'évaluation – Module d'apprentissage (texte narratif)

5. Le *Titanic* à la rencontre de l'iceberg
  c) La rencontre de l'iceberg

Composantes	Objectifs	Évaluation
Le temps s'arrête Corrigé	• Repérer l'information importante et la relier au temps du texte. • Convertir l'heure chiffrée en utilisant une représentation avec les aiguilles. • Organiser le déroulement du récit. Clarifier sa compréhension.	Commentaires : _____ _____ Modalité de travail : Niveau d'aide : / // /// //// Date : _____
D'autres mots pour dire différemment Corrigé	Améliorer la qualité du vocabulaire et la structure de phrases.	Commentaires : _____ _____ Modalité de travail : Niveau d'aide : / // /// //// Date : _____
Les deux conjugaisons Corrigé	• Classer les verbes selon leur conjugaison. • Composer des phrases avec des temps de verbe variés.	Commentaires : _____ _____ Modalité de travail : Niveau d'aide : / // /// //// Date : _____
Des phrases à regarder de près Corrigé	Structurer adéquatement les phrases.	Commentaires : _____ _____ Modalité de travail : Niveau d'aide : / // /// //// Date : _____

Légende : fait seul   fait en dyade   fait en équipe   fait en groupe-classe

/ seul   // avec un petit coup de pouce   /// avec un gros coup de main   //// difficultés même avec de l'aide

Composantes	Objectifs	Évaluation
L'ordre alphabétique Corrigé	Amener l'élève à être plus efficace dans sa classification en ordre alphabétique.	Commentaires : _____ _____ Modalité de travail : Niveau d'aide : / // /// //// Date : _____
Un peu de mathématique Corrigé	• Lire et comprendre un problème mathématique. • Utiliser les techniques d'addition, de soustraction, de multiplication et de division. • Ordonner les données numériques relatives au concept de l'heure en ordre croissant.	Commentaires : _____ _____ Modalité de travail : Niveau d'aide : / // /// //// Date : _____

Nom : _____   Date : _____

Grille d'autorégulation

Titre du module d'apprentissage : _____

Nom de l'activité : _____

J'ai fait l'activité : **/** seul   **//** avec un petit coup de pouce

/// avec un gros coup de main   **////** difficultés même avec de l'aide

Ce que j'ai bien réussi : _____

Pourquoi ? _____

_____

Ce que j'ai aimé : _____

Pourquoi ? _____

_____

Ce que j'ai trouvé difficile : _____

Pourquoi ? _____

_____

Les stratégies (trucs) qui m'ont aidée ou aidé à faire l'activité : _____

_____

Ce que j'ai appris en faisant ce travail : _____

_____

Je pourrai me servir de ce que je viens d'apprendre quand...

_____

_____

Mon prochain défi : _____

_____

Mes commentaires : _____

_____

_____

_____

Notes de l'enseignante : _____

_____

_____

_____

6. Les cirques

Composantes	Processus	Objectifs
Texte : Sous les chapiteaux	Lire des textes variés.	
L'organisateur graphique des informations Corrigé	Microprocessus en lecture	• Sélectionner l'information pertinente en utilisant les mots clés. • Développer la compréhension littérale.
Texte : Guy Laliberté et le Cirque du Soleil	Lire des textes variés.	
As-tu le goût du risque ? Corrigé	• Microprocessus en lecture • Processus d'élaboration	• Sélectionner l'information à l'aide de mots clés. • Développer la compréhension inférentielle et applicative. • Utiliser l'habileté à faire de la recherche documentaire ou électronique.
Textes : Les spectacles du Cirque du Soleil	Lire des textes variés.	
Recherche d'adjectifs Corrigé	Microprocessus en lecture	• Développer l'habileté à sélectionner les mots clés. • Reconnaître les adjectifs.
Publicité pour un nouveau spectacle Corrigé	Écrire des textes variés.	• Développer la flexibilité cognitive. • Tenir compte des consignes données. • Apprendre à composer et à bien structurer des phrases. • Utiliser des adjectifs variés et adéquats.

Composantes	Processus	Objectifs
Les artistes du cirque (devinettes) Corrigé	• Microprocessus en lecture	• Développer la reconnaissance de mots clés (mots indices). • Faire converger les éléments importants. • Développer l'inférence.
Anticipation dans un texte lacunaire Corrigé	• Microprocessus en lecture • Macroprocessus en lecture	• Développer l'anticipation dans une phrase. • Utiliser les mots *avant* et *après* pour découvrir le sens de la phrase. • Se servir du sens du paragraphe, du texte, pour découvrir le mot à anticiper.
Mots de substitution Corrigé	Processus d'intégration en lecture	• Conserver le sens tout au long du récit. • Établir des liens entre les référents et les mots de substitution.
Des mots en trop Corrigé	• Microprocessus en lecture • Macroprocessus en lecture	• Découvrir les mots essentiels. • Respecter la structure et le sens de la phrase, du texte.
Mots de même famille Corrigé	Écrire des textes variés.	• Développer l'orthographe lexicale en ayant recours aux dérivés et aux familles lexicales. • Contribuer à l'accroissement et à l'enrichissement du vocabulaire. • Développer l'analyse morphologique (suffixe, préfixe, mots de même famille).
Un peu de mathématique Corrigé	• Résoudre une situation problématique en mathématique. • Raisonner à l'aide de concepts et de processus mathématiques.	• Lire et comprendre un problème mathématique. • Parvenir à une bonne représentation mentale du problème. • Dégager les mots importants et faire des liens appropriés. • Utiliser les techniques d'addition, de soustraction, de multiplication et de division. • Approfondir et appliquer la notion de pourcentage.

Sous les chapiteaux

Coup d'œil sur quelques cirques

Chez les Grecs et chez les Romains

Le cirque existe depuis l'Antiquité. Chez les Grecs et chez les Romains, c'était un lieu destiné à la célébration des jeux publics. Le spectacle commençait par un défilé en l'honneur du soleil. Venaient ensuite les courses de chars, les courses de chevaux ou les courses à pied. On pouvait assister, à l'époque de la Rome impériale, à des combats opposant des gladiateurs entre eux ou à des luttes entre des gladiateurs et des animaux féroces comme le lion. À l'époque, le cirque comportait des jeux très cruels.

En Europe avec Beates

À Paris, en 1767, un Anglais nommé Beates a donné une représentation hippique où il faisait montre de son immense talent d'écuyer. À l'époque, la piste n'était séparée du public que par une corde. Vers les années 1780, à Paris, on a construit une salle ronde qui incluait deux rangées de loges éclairées par 2000 bougies. On pouvait y apprécier des exercices de manège ainsi que des tours surprenants de force et de souplesse, tant sérieux que comiques.

... avec Franconi

Antonio Franconi, écuyer d'origine italienne, était âgé de 20 ans lorsqu'il débarqua en France à son tour. Il s'appliqua à dresser divers animaux et chercha même à introduire des combats de taureaux. Par la suite, il acheta des chevaux qu'il entraîna lui-même. La Révolution de 1789 interrompit pendant un temps ses représentations. Avec sa famille composée d'écuyers et d'écuyères, il donna par la suite une grande pantomime (art du mime). Assurant la direction du cirque, ses deux fils Laurent et Henry eurent l'idée de faire alterner les exercices de voltige et d'équitation avec la représentation de la pantomime.

C'est avec succès qu'ils présentèrent aussi sur leur scène des éléphants et des cerfs dressés avec une rare habileté.

… avec les frères Laloue

Vers 1835, les frères François et Ferdinand Laloue utilisaient une vaste tente qui pouvait abriter 4 000 personnes. À cette époque coexistaient un cirque d'hiver et un cirque d'été.

… avec Zidler

En 1877, sous la direction de Zidler, fut présenté aux Parisiens un nouvel hippodrome pouvant accueillir 8 000 personnes. Sous un toit vitré, on pouvait admirer une formidable écurie de 200 chevaux. Enfin, le dernier cirque de ce genre, le cirque de Paris, fut inauguré vers 1910 mais il disparut peu de temps après. On essaya bien d'innover, présentant tout à la fois des numéros de cirque, des représentations de théâtre, des chanteurs et des danseurs, mais cette initiative ne connut pas un très grand succès.

… avec les frères Pinder

Durant la même période, les frères George et William Pinder, de remarquables écuyers, étaient spécialistes de la haute voltige à cheval. Ils jouissaient d'une solide réputation, visitant les petites villes négligées jusqu'alors. Le cirque Pinder était renommé pour ses cavalcades à l'américaine où l'on retrouvait de nombreux chars richement décorés et des éléphants «légendaires».

… avec les frères Spiessert

La Première Guerre mondiale stoppa net l'évolution du cirque. La paix revenue, ce furent des cirques différents, tel le joli petit cirque-ménagerie baptisé *New Circus*, qui suscitèrent l'intérêt du public. Les frères Spiessert, descendants d'une famille hongroise, produisirent des spectacles grandioses avec des numéros spectaculaires, des cavalcades (défilé d'une troupe de cavaliers) et des défilés impressionnants. Ce furent eux qui rachetèrent le cirque Pinder au tournant de la Première Guerre mondiale et le rebaptisèrent *New Circus*.

… avec Charles Spiessert

Le déclenchement de la Seconde Guerre mondiale interrompit à son tour les activités du cirque *New Circus.* Dès 1940, Charles Spiessert relança son cirque sur les routes d'Europe avec un éclat inégalé. Il redonna un souffle de vie au cirque avec des chars en forme de lions, de sirènes de légende et de dragons. Il alla même jusqu'à faire construire une réplique exacte du carrosse de la reine d'Angleterre.

… avec le retour du cirque Pinder

Dans les années 1950, le cirque Pinder reprit son nom et rétablit sa renommée internationale grâce à ses parades flamboyantes, ses spectacles sur trois pistes ou sur glace. À la mort de leur père, en 1971, les trois frères Spiessert connurent des difficultés financières et vendirent le cirque au comédien Jean Richard. Celui-ci le nomma le Cirque Pinder-Jean Richard. En 1983, le cirque devint la propriété de Gilbert Edelstein, un patron de cirque pas comme les autres. Il renouvela le cirque devant un public appréciateur de un million quatre cent mille spectateurs.

L'organisateur graphique des informations

À l'aide du texte « Sous les chapiteaux », remplis l'organigramme suivant :

À l'époque...	Numéros présentés	Particularités
des Romains et des Grecs		
de Beates (1767)		
en 1780		
de Franconi (vers 1789)		
de François et Ferdinand Laloue (vers 1835)		
de Zidler (1877-1910)		

L'organisateur graphique des informations (suite)

À l'époque...	Numéros présentés	Particularités
des frères Pinder (même époque que Zidler)		
des frères Spiessert (après 1918)		
de Charles Spiessert (1940)		
du retour de Pinder (1950)		
de Pinder et de Jean Richard (1971)		
de Gilbert Edelstein (1983)		

L'organisateur graphique des informations

À l'aide du texte « Sous les chapiteaux », remplis l'organigramme suivant :
(Pour te faciliter la tâche, nous avons fait un X dans les cases où il n'y a pas de réponse.)

À l'époque...	Numéros présentés	Particularités
des Romains et des Grecs		
de Beates (1767)		X
en 1780		
de Franconi (vers 1789)		
de François et Ferdinand Laloue (vers 1835)	X	
de Zidler (1877-1910)		

L'organisateur graphique des informations (suite)

À l'époque...	Numéros présentés	Particularités
des frères Pinder (même époque que Zidler)		
des frères Spiessert (après 1918)		✕
de Charles Spiessert (1940)		
du retour de Pinder (1950)		
de Pinder et de Jean Richard (1971)	✕	
de Gilbert Edelstein (1983)	✕	

Guy Laliberté et le Cirque du Soleil

Guy Laliberté quitte la maison familiale à l'âge de 14 ans pour tenter l'aventure comme accordéoniste et cracheur de feu dans les rues des villes du Québec et d'Europe. Il n'a pas encore 20 ans qu'il grimpe sur des échasses avec ses amis de Baie-Saint-Paul.

Ce groupe d'amis qui font partie d'une entreprise à but non lucratif baptisée «Le club des Talons Hauts» fonde, en 1982, la Fête foraine de Baie-Saint-Paul, au nord de la ville de Québec, premier festival réunissant des amuseurs de rue. Guy Laliberté est déjà un visionnaire audacieux qui sait cultiver le talent des amuseurs publics.

La naissance du Cirque du Soleil

En 1984, il fonde avec Daniel Gauthier, qui a déjà participé avec lui à une multitude de projets, le Cirque du Soleil.

C'est à l'occasion des célébrations entourant le 450e anniversaire de la découverte du Canada par Jacques Cartier qu'a lieu la première production du Cirque du Soleil. Le spectacle est un fascinant mélange théâtralisé des arts du cirque et de la rue. On n'y présente pas d'animaux, ce qui distingue dès le départ le Cirque du Soleil des autres cirques traditionnels. Cette grande célébration se déroule alors dans la ville de Gaspé avec des jeux théâtraux de clowns et d'acrobates. Précisons que c'est grâce à une subvention de un million et demi de dollars accordée spécialement par René Lévesque, alors premier ministre du Québec, que les deux fondateurs du Cirque du Soleil ont pu lancer cette machine à rêves sur les routes du monde. La compagnie met en place deux nouveaux spectacles: *Le Cirque réinventé* et *Nouvelle Expérience*. Les portes des États-Unis lui sont alors grand ouvertes et une imposante tournée se met en branle.

Un grand cirque

C'est à Las Vegas et à Orlando que le Cirque du Soleil se produit maintenant en permanence. Il présente des spectacles parmi les plus courus de ces villes. Il est intéressant de noter que, depuis ses tout débuts, le Cirque a conçu une quinzaine de spectacles avec, à chaque fois, une musique originale. Le Cirque du Soleil a beaucoup évolué et s'implique dans les domaines de l'audiovisuel, du film, de l'édition, ainsi que dans l'action sociale.

Cirque du Monde

Le Cirque du Soleil est très actif sur le plan de l'action sociale. Il aide les jeunes en difficulté. Le Cirque du Soleil verse une part de ses revenus dans des activités d'action sociale. Cirque du Monde propose une grande diversité d'ateliers de cirque à des jeunes en difficulté, favorisant ainsi leur réinsertion sociale. Ce sont pour la plupart des jeunes de la rue, jeunes décrocheurs provenant de 34 grandes villes à travers le monde. Le Cirque leur donne une occasion unique de s'épanouir et de découvrir le plaisir d'apprendre. Plusieurs centaines d'enfants ont bénéficié d'ateliers de cirque en Afrique. Cirque du Monde accueille environ 200 enfants par an au Cameroun, 300 au Burkina Faso, en Côte-d'Ivoire, plusieurs centaines au Sénégal et en Afrique du Sud. Notons que Cirque du Monde est aussi présent en Asie et en Amérique latine et compte bien élargir encore son champ d'action.

Le Cirque du Soleil en chiffres

En 1984, 73 personnes travaillaient pour le Cirque du Soleil. Aujourd'hui, ce sont près de 3 000 personnes qui œuvrent dans cette entreprise, dont plus de 600 artistes. Il s'agit pour l'essentiel d'acrobates, de danseurs, de chanteurs, de musiciens, de clowns et de comédiens. Parmi tous ces travailleurs, on compte plus de 40 nationalités différentes et plus de 25 langues parlées. Le siège social international établi à Montréal emploie plus de 1 600 personnes. Depuis 1984, le Cirque du Soleil a visité plus de 90 villes à travers le monde... Il a réjoui plus de 42 millions de spectateurs. Pour l'année 2002, le nombre de spectateurs s'est élevé à près de sept millions. Quel est ce nombre pour l'année actuelle? À toi de faire la recherche en te rendant à l'adresse: www.cirquedusoleil.com

Le succès extraordinaire du Cirque du Soleil a été couronné par des prix prestigieux tels que les Emmy Awards, les prix Gémeaux et Félix, la Rose d'or de Montreux...

Guy Laliberté dirige un empire sur lequel le soleil ne se couche jamais...

As-tu le goût du risque ?

As-tu toi aussi le goût du risque ? Avec des coéquipiers ou individuellement, tente de répondre aux questions suivantes. Tu peux avoir accès à Internet et à d'autres ressources documentaires.

1. À quoi réfère-t-on quand on utilise l'expression « Le club des Talons Hauts » ?

_____

_____

2. Dans quelle région du Québec la ville de Baie-Saint-Paul est-elle située ?

_____

3. Que signifie l'expression « visionnaire audacieux » ?

_____

_____

4. En quelle année Jacques Cartier est-il arrivé au Canada ?

_____

5. Connais-tu d'autres spectacles qui sont actuellement présentés à Las Vegas ?

_____

_____

6. Dans quel État américain la ville de Las Vegas est-elle située ?

_____

7. Identifie les créateurs de la musique de trois spectacles de ton choix produits par le Cirque du Soleil.

_____

_____

8. Sur quel continent Cirque du Monde s'est-il le plus impliqué jusqu'ici ?

_____

9. Si tu avais la possibilité de suggérer à Guy Laliberté l'ajout de nouveaux numéros, que lui proposerais-tu ?

_____

_____

10. Si tu avais à émettre une proposition à Guy Laliberté pour soutenir les gens de ta région, dans quel projet lui demanderais-tu de s'impliquer socialement ?

_____

_____

_____

Les spectacles du Circle du Soleil

La Nouba

Les numéros

- Équilibre sur chaises
- Ballet aérien de soie
- Diabolos
- Funambulisme
- *Power track*/trampoline
- Vélos
- Cadre aérien
- Clowns
- Roue allemande
- Grands volants

La Nouba est un monde où l'impossible n'existe pas. *La Nouba* met en scène deux genres de familles ou de groupes. Les gens du cirque se confrontent aux citadins. Il y a une grande différence entre ces deux mondes. Ce spectacle est, tour à tour, menaçant et intrigant. Il apporte rêves et cauchemars. C'est lorsque ces deux univers se rencontreront que naîtra la nouba, la fête.

O

Les numéros

- Plongeon de haut vol
- Balançoire russe
- Bateau
- Cerceaux aériens
- Trapèze Washington
- Barge
- Duo trapèze
- Contorsion
- Cadre
- Feu
- Solo trapèze
- Nage synchronisée
- Clowns

Dans ce spectacle, la troupe du Cirque du Soleil exécute ses prouesses dans l'eau, sur l'eau et au-dessus de l'eau. Elle explore un monde sans limite. Le spectacle *O* représente la magie du théâtre où tout est possible…

Mystère	
Les numéros • Barres aériennes • Mâts chinois • Saut à l'élastique • Trampoline, *fast track* et planche coréenne • Cube aérien • Taiko • Clowns • Main à main	Les 72 interprètes de *Mystère*, provenant de 15 pays du monde, offrent aux spectateurs un voyage bouleversant. Il débute avec la naissance du monde, au son des tambours taôko. La troupe est composée d'acrobates et de gymnastes de grand talent qui occupent tout l'espace. Puissance, grâce et adresse qualifient bien ce spectacle.

Dralion	
Les numéros • Pas de deux aérien • Cerceaux • Équilibre sur cannes • Double trapèze • Cerceau aérien • Oriflammes • Planche sautoir • Esprits • Jonglerie • Cordes à sauter • Dralions	Le nom de ce spectacle provient de la fusion de deux mots : le dragon, qui représente l'Orient, et le lion, l'Occident. L'idée première du spectacle est de conserver l'harmonie entre l'homme et la nature. *Dralion* est un hommage à la vie et aux quatre éléments naturels : l'air, l'eau, le feu et la terre. Ce spectacle nous emporte dans un monde éblouissant de rêves fabuleux.

Quidam	
Les numéros • Cerceaux aériens • Corde volante • Roue allemande • Clowns • Statues – Vis Versa • Diabolos • Manipulation • Cordes à sauter • Contorsion air et soie • Équilibre sur cannes • Banquine • Cordes lisses	C'est l'histoire d'une petite fille qui croit avoir tout vu et qui trouve le monde ennuyant. Sa colère faisant exploser son monde, l'enfant se retrouve dans l'univers de *Quidam*. Dans ce nouveau monde, la jeune fille rencontre deux personnages, l'un joyeux et l'autre mystérieux. Elle découvre un monde merveilleux, troublant et terrifiant.

Alegría	
Les numéros • Homme fort • Barres russes • Homme volant • Équilibre • Contorsion • Numéro aérien • Clowns • Trapèzes synchronisés • Danse du feu • *Fast track* • Manipulation	Le nom *Alegría* signifie «allégresse» en espagnol. C'est-à-dire délice, joie, ravissement. Ce spectacle parle des changements engendrés par le passage des temps anciens aux temps modernes et par celui de la jeunesse à la vieillesse. Dans cette production, le monde est habité par des fous du roi, des ménestrels (musiciens du Moyen Âge), des gens démunis, des vieux nobles, des enfants ainsi que des clowns. Seuls les clowns sont les personnages qui ne changent pas, qui ne vieillissent pas. C'est ce que l'on découvre à travers ce spectacle.

Saltimbanco	
Les numéros • Jonglerie • Adagio • Double fil de fer • Diabolo • Main à main • Trapèze solo • Balançoire russe • Boleadoras • Saut à l'élastique • Mâts chinois • Clowns	*Saltimbanco* est un spectacle de notre époque qui célèbre la vie. Parce que notre monde est souvent violent et frivole, le Cirque du Soleil nous propose un spectacle emballant, plein d'optimisme et de joie. C'est un tourbillon, une aventure où tout peut arriver. Saltimbanco, le personnage principal, a son langage bien à lui et s'exprime autant par la voix et le corps que par la musique.

Varekai	
Les numéros • Pas de deux • Courroies aériennes • Patinage corporel • Numéros clownesques • Vol d'Icare (Le) • Danse géorgienne • Équilibre sur cannes • Jeux icariens • Balançoires russes • Solo sur béquilles • Trapèze triple • Météores d'eau • Jonglerie	Un autre spectacle fantastique. Ce spectacle se déroule dans un monde extraordinaire appelé *Varekai,* qui signifie «peu importe le lieu» dans la langue des romanichels ou des gitans. Au début, un jeune homme tombe du ciel. Il est parachuté dans une forêt mystérieuse et magique où vivent des créatures aux mille visages. Il se lance alors dans une aventure absurde et extraordinaire. Ce spectacle veut célébrer la tradition du cirque et lui rendre hommage ainsi qu'à tous ceux qui ont l'esprit d'aventure.

Recherche d'adjectifs

Relève tous les adjectifs se trouvant dans les textes présentant les huit spectacles du Cirque du Soleil.

Spectacle	Adjectifs
_____	_____ _____ _____
_____	_____ _____ _____
_____	_____ _____ _____
_____	_____ _____ _____
_____	_____ _____ _____
_____	_____ _____ _____
_____	_____ _____ _____
_____	_____ _____ _____

Publicité pour un nouveau spectacle

Maintenant que tu possèdes cette banque d'adjectifs, nous te proposons de participer, avec tes coéquipières et coéquipiers, à la rédaction des textes d'une affiche promotionnelle pour le prochain spectacle du Cirque du Soleil.

Voici les informations qui doivent obligatoirement y figurer :

- énumération d'une dizaine de numéros,

- court texte d'environ six phrases décrivant le spectacle et invitant les gens à y assister. N'oublie pas de formuler un message qui donne envie d'assister à cette représentation hors du commun. Sers-toi des adjectifs trouvés précédemment.

Par la suite, prépare, avec tes coéquipières et coéquipiers, un projet d'affiche qui accroche l'œil.

Sur cette affiche doivent figurer obligatoirement les éléments suivants :

- lieu de la représentation (pays, ville, adresse de l'édifice),

- dates et heures des représentations,

- ton message incitatif ainsi que les numéros proposés.

N'oubliez pas de signer votre publicité.

N. B. : Tu peux avoir recours à d'autres outils pour remplacer l'affiche : une maquette, un document électronique de type « PowerPoint » par exemple. Tu peux aussi te joindre à tes camarades pour produire une courte publicité vivante (*sketch*).

Les artistes du cirque A et B — Devinettes

1. Je travaille au sol.

   J'ai besoin d'une grande dextérité manuelle.

   Tout mon corps est sollicité pendant mon numéro.

   Il me faut une attention visuelle de tous les instants.

   J'ai besoin d'objets pour produire ma performance.

   Je suis un _____

2. Je ne peux pas avoir le vertige.

   Je travaille à une grande hauteur.

   Quelquefois, il m'arrive de m'aider d'un balancier.

   Je gagne à développer une grande sensibilité au niveau des pieds.

   L'équilibre global de mon corps me permet de réussir mes numéros.

   Mon accessoire principal est tout simple : un fil ou une corde.

   Je suis un _____

3. Tout mon corps est sollicité pendant mon numéro.

   Il m'a fallu apprendre très jeune à rendre mon corps malléable.

   Je travaille au sol, souvent sur un tapis.

   Mon corps adopte des postures étranges et même inquiétantes
   pour certains spectateurs.

   Mes mouvements acrobatiques donnent l'illusion que même mes os sont flexibles.

   Je suis un _____

4. Je suis un acrobate.

   Je fais des exercices variés.

   Lors de mon entraînement, j'ai besoin d'un filet pour assurer ma sécurité.

   J'ai tout avantage à développer la flexibilité de mes muscles et mon
   endurance.

   Je dois protéger mes mains qui sont un outil puissant pendant mon spectacle.

   Je suis un _____

5. On me compare souvent à un Pierrot.

   De fait, mon visage n'a pas besoin d'être toujours enfariné.

   Je fais des imitations très théâtrales.

   Je reproduis par mes gestes des attitudes, des actions, des sentiments.

   À la différence d'un clown, je n'utilise pas ma voix.

   Je suis un _____

Les artistes du cirque B — Devinettes

1. Je travaille au sol.

   J'ai besoin d'une grande dextérité manuelle.

   Tout mon corps est sollicité pendant mon numéro.

   Il me faut une attention visuelle de tous les instants.

   J'ai besoin d'objets pour produire ma performance.

   Je suis un   j __ __ __ __ __ __ __.

2. Je ne peux pas avoir le vertige.

   Je travaille à une grande hauteur.

   Quelquefois, il m'arrive de m'aider d'un balancier.

   Je gagne à développer une grande sensibilité au niveau des pieds.

   L'équilibre global de mon corps me permet de réussir mes numéros.

   Mon accessoire principal est tout simple : un fil ou une corde.

   Je suis un   f __ __ __ __ b __ __ __.

3. Tout mon corps est sollicité pendant mon numéro.

   Il m'a fallu apprendre très jeune à rendre mon corps malléable.

   Je travaille au sol, souvent sur un tapis.

   Mon corps adopte des postures étranges et même inquiétantes pour certains spectateurs.

   Mes mouvements acrobatiques donnent l'illusion que même mes os sont flexibles.

   Je suis un   c __ __ t __ __ __ __ __ __ __ __ __ t __.

4. Je suis un acrobate.

   Je fais des exercices variés.

   Lors de mon entraînement, j'ai besoin d'un filet pour assurer ma sécurité.

   J'ai tout avantage à développer la flexibilité de mes muscles et mon endurance.

   Je dois protéger mes mains qui sont un outil puissant pendant mon spectacle.

   Je suis un   t __ __ __ __ z __ __ __ __.

5. On me compare souvent à un Pierrot.

   De fait, mon visage n'a pas besoin d'être toujours enfariné.

   Je fais des imitations très théâtrales.

   Je reproduis par mes gestes des attitudes, des actions, des sentiments.

   À la différence d'un clown, je n'utilise pas ma voix.

   Je suis un   __ i __ __ __.

Anticipation dans un texte lacunaire

Le Cirque du Soleil et l'aide aux jeunes

En te servant du sens des phrases et du texte, découvre les mots qui manquent.

Savais-tu que Guy Laliberté avait quitté l' _____ à l'âge
de 14 ans ? Même s'il était issu d'une famille aisée qui l'encourageait
_____ la poursuite de ses études, il ne voyait aucune autre
possibilité que de s'engager dans le _____ d'amuseur public.
Ce sont sûrement ces débuts modestes et _____ , bien
enracinés dans ses souvenirs, qui l'ont amené à se préoccuper des jeunes
décrocheurs et aussi de ceux qui n'ont pas la chance d'aller à l'école. C'est ainsi
qu'est née l'entreprise Cirque du Monde, laquelle rejoint _____
centaines d'enfants sur plusieurs continents. Voilà un moyen _____
de pédagogie alternative pour cette jeunesse démunie !

Les valeurs véhiculées par cette entreprise sont la confiance, la solidarité,
l'imagination, le goût du risque et l'autonomie. Le fait de s'intégrer ainsi dans
un groupe et de _____ des succès leur permet de croire
à nouveau en eux-mêmes et en la société. C'est aussi un tremplin vers un avenir
_____ !

Forts de cette expérience de vie, ces jeunes retrouvent le _____
d'apprendre. Ainsi, plusieurs d'entre eux, après avoir _____
un sentiment de _____ , retournent à l'école pour y reprendre
leurs études. Plusieurs délaissent l'univers du cirque pour réorienter
_____ vie selon leurs aspirations personnelles. Pour tous
ces jeunes, ce séjour dans le monde des arts et du cirque laisse à jamais
une empreinte des plus positive.

Mots de substitution

Le Cirque du Soleil et l'aide aux jeunes

Indique dans les cases qui suivent ce que les pronoms remplacent.

Savais-tu que Guy Laliberté avait quitté l'école à l'âge de 14 ans ?

☐ _____   ☐ _____

Même s'**il** était issu d'une famille aisée qui **l'**encourageait dans la poursuite de ses

études, il ne voyait aucune autre possibilité que de s'engager dans le métier d'amu-

seur public. Ce sont sûrement ces débuts modestes et difficiles, bien enracinés dans

☐ _____

ses souvenirs, **qui** l'ont amené à se préoccuper des jeunes décrocheurs et aussi de

☐ _____

ceux qui n'ont pas la chance d'aller à l'école. C'est ainsi qu'est née l'entreprise

☐ _____

Cirque du Monde, **laquelle** rejoint des centaines d'enfants sur plusieurs continents.

Voilà un moyen fabuleux de pédagogie alternative pour cette jeunesse démunie !

Les valeurs véhiculées par cette entreprise sont la confiance, la solidarité, l'imagina-

tion, le goût du risque et l'autonomie. Le fait de s'intégrer ainsi dans un groupe et de

☐ _____   ☐ _____

vivre des succès **leur** permet de croire à nouveau en **eux-mêmes** et en la société.

C'est aussi un tremplin vers un avenir prometteur !

Forts de cette expérience de vie, ces jeunes retrouvent le goût d'apprendre. Ainsi,

☐ _____

plusieurs d'entre **eux**, après avoir redécouvert un sentiment de confiance, retournent

à l'école pour y reprendre leurs études. Plusieurs délaissent l'univers du cirque pour

réorienter leur vie selon leurs aspirations personnelles. Pour tous ces jeunes, ce séjour

dans le monde des arts et du cirque laisse à jamais une empreinte des plus positive.

Des mots en trop

L'École nationale de cirque

Dans le texte suivant, nous avons écrit des mots en trop. Peux-tu les retrouver et les raturer ? N'oublie pas de bien tenir compte du sens du texte.

L'École nationale de cirque a été très fondée à Montréal, en 1981, par Guy monsieur Caron, comédien et artiste de cirque et par Pierre Leclerc, gymnaste d'élite. Très tôt, cet établissement prend bientôt de l'envergure et devient une véritable école internationale. Innovatrice, cette école a participé à la naissance du Cirque du le Soleil et du Cirque Éloize.

À l'automne 2003, l'école s'installe dans un édifice tout complètement neuf dans le quartier Saint-Michel à Montréal, au cœur de la Cité des arts du beau cirque. Cet espace plus grand et tant mieux aménagé permet à l'école d'accueillir un nombre plus imposant d'élèves. Des locaux facilitent la pratique de toutes les disciplines du cirque en plus de la danse, de jeux théâtraux, d'activités musicales et même de musculation. À tout cela s'ajoutent aussi également des salles de classe destinées à l'enseignement des matières scolaires d'école, un centre de documentation de même que des locaux administratifs. Beaucoup trop d'efforts sont conjugués pour favoriser la réussite scolaire polaire et le développement artistique de l'élève.

Ces programmes, de niveaux secondaire et collégial, sont offerts aux élèves du Canada et de l'extérieur autre du pays. Ils soutiennent une vision inconnue basée sur la création, la recherche et l'innovation artistiques.

Mots de même famille

L'École nationale de cirque

À l'aide de ton dictionnaire et de tes camarades, trouve des mots de la même famille que ceux-ci.

innovation _____

_____

national _____

_____

gymnastique _____

_____

naissance _____

_____

arts _____

_____

espace _____

_____

accueillir _____

_____

théâtre _____

_____

musculation _____

_____

scolaire _____

_____

documentation _____

_____

musical _____

_____

Un peu de mathématique

1. En 1984, le nombre des employés du Cirque du Soleil s'élevait à 73. Si ce sont maintenant 2 700 personnes qui y travaillent, peux-tu calculer ce que signifie cette augmentation du nombre d'employés ? Pourrais-tu aussi estimer l'augmentation de la masse salariale à laquelle le Cirque doit maintenant faire face ?

_____

_____

_____

_____

_____

2. On dit que le Cirque du Soleil a visité 90 villes à travers le monde et a réjoui près de 42 millions de spectateurs. Peux-tu calculer la moyenne de spectateurs par ville qui ont assisté aux représentations de ces spectacles ?

_____

_____

_____

_____

_____

3. Supposons que le Cirque du Soleil disposait d'un budget annuel de 11 millions en 1990. Si l'on considère que l'augmentation du coût de la vie se chiffre à 4 % annuellement, à combien estimes-tu le budget dont disposaient les dirigeants pour l'année 1996 ? Quel budget auraient-ils cette année ?

_____

_____

_____

_____

_____

_____

_____

_____

À l'aide du texte «Sous les chapiteaux», remplis l'organigramme suivant:
(Pour te faciliter la tâche, nous avons fait un X dans les cases où il n'y a pas de réponse.)

À l'époque...	Numéros présentés	Particularités
des Romains et des Grecs	défilé, courses de chars, combats entre gladiateurs, combats entre gladiateurs et animaux féroces	jeux très cruels
de Beates (1767)	représentations hippiques	X
en 1780	exercices de manège, tours de force et de souplesse	sérieux ou comiques
de Franconi (vers 1789)	dressage d'animaux, combats de taureaux, pantomime, voltige et équitation	éléphants et cerfs dressés avec une rare habileté
de François et Ferdinand Laloue (vers 1835)	X	cirque d'hiver et cirque d'été
de Zidler (1877-1910)	dressage de 200 chevaux, cirque, théâtre, chanteurs, danseurs	hippodrome, peu de succès

À l'époque...	Numéros présentés	Particularités
des frères Pinder (même époque que Zidler)	haute voltige à cheval, défilé avec nombreux chars décorés et éléphants légendaires	cavalcades à l'américaine
des frères Spiessert (après 1918)	petits cirques, ménagerie, cavalerie, défilés impressionnants	X
de Charles Spiessert (1940)	chars en forme de lions, de sirènes de légende et de dragons	réplique du carrosse de la reine d'Angleterre
du retour de Pinder (1950)	parades flamboyantes, spectacles sur trois pistes	spectacles sur glace
de Pinder et de Jean Richard (1971)	X	problèmes financiers, vente du cirque
de Gilbert Edelstein (1983)	X	renouvellement du cirque devant 1 400 000 spectateurs

As-tu toi aussi le goût du risque ? Avec des coéquipiers ou individuellement, tente de répondre aux questions suivantes. Tu peux avoir accès à Internet et à d'autres ressources documentaires.

1. À quoi réfère-t-on quand on utilise l'expression « Le club des Talons Hauts » ?

   Cette expression réfère au fait que les membres de la troupe étaient juchés sur des

   échasses.

2. Dans quelle région du Québec la ville de Baie-Saint-Paul est-elle située ?

   La ville de Baie-Saint-Paul est située dans la région de Charlevoix.

3. Que signifie l'expression « visionnaire audacieux » ?

   L'expression « visionnaire audacieux » traduit l'idée que Guy Laliberté avait des idées

   nouvelles, d'avant-garde.

4. En quelle année Jacques Cartier est-il arrivé au Canada ?

   Jacques Cartier est arrivé au Canada en 1534.

5. Connais-tu d'autres spectacles qui sont actuellement présentés à Las Vegas ?

   Plusieurs réponses sont possibles.

6. Dans quel État américain la ville de Las Vegas est-elle située ?

   La ville de Las Vegas est située dans l'État du Nevada, aux États-Unis.

7. Identifie les créateurs de la musique de trois spectacles de ton choix produits par le Cirque du Soleil.

   Spectacles O, Quidam, La Nouba : directeur musical, Benoît Jutras.

   Spectacles Saltimbanco, Mystère, Alegría : directeur musical, René Dupéré.

8. Sur quel continent Cirque du Monde s'est-il le plus impliqué jusqu'ici ?

   Il s'est grandement impliqué en Afrique.

9. Si tu avais la possibilité de suggérer à Guy Laliberté l'ajout de nouveaux numéros, que lui proposerais-tu ?

   Réponses variables

10. Si tu avais à émettre une proposition à Guy Laliberté pour soutenir les gens de ta région, dans quel projet lui demanderais-tu de s'impliquer socialement ?

    Réponses variables

Relève tous les adjectifs se trouvant dans les textes présentant les huit spectacles du Cirque du Soleil.

Spectacle	Adjectifs
La Nouba :	aérien, allemande, grande, menaçant, intrigant
O :	haut, russe, aériens, synchronisée, possible
Mystère :	aériennes, chinois, coréenne, aérien, bouleversant, grand
Dralion :	aérien, double, première, naturels, éblouissant, fabuleux
Quidam :	aériens, volante, allemande, lisses, petite, ennuyant, nouveau, jeune, joyeux, mystérieux, merveilleux, troublant, terrifiant
Alegría :	fort, russes, volant, aérien, synchronisés, anciens, modernes, démunies, vieux
Saltimbanco :	solo, double, russe, chinois, violent, frivole, emballant, principal
Varekai :	aériennes, corporel, clownesques, géorgienne, icariens, russes, triple, autre, fantastique, extraordinaire, jeune, mystérieuse, magique, absurde

1. Je travaille au sol.

   J'ai besoin d'une grande dextérité manuelle.

   Tout mon corps est sollicité pendant mon numéro.

   Il me faut une attention visuelle de tous les instants.

   J'ai besoin d'objets pour produire ma performance.

   Je suis un _jongleur_

2. Je ne peux pas avoir le vertige.

   Je travaille à une grande hauteur.

   Quelquefois, il m'arrive de m'aider d'un balancier.

   Je gagne à développer une grande sensibilité au niveau des pieds.

   L'équilibre global de mon corps me permet de réussir mes numéros.

   Mon accessoire principal est tout simple : un fil ou une corde.

   Je suis un _funambule_

3. Tout mon corps est sollicité pendant mon numéro.

   Il m'a fallu apprendre très jeune à rendre mon corps malléable.

   Je travaille au sol, souvent sur un tapis.

   Mon corps adopte des postures étranges et même inquiétantes pour certains spectateurs.

   Mes mouvements acrobatiques donnent l'illusion que même mes os sont flexibles.

   Je suis un _contorsionniste_

4. Je suis un acrobate.

   Je fais des exercices variés.

   Lors de mon entraînement, j'ai besoin d'un filet pour assurer ma sécurité.

   J'ai tout avantage à développer la flexibilité de mes muscles et mon endurance.

   Je dois protéger mes mains qui sont un outil puissant pendant mon spectacle.

   Je suis un _trapéziste_

5. On me compare souvent à un Pierrot.

   De fait, mon visage n'a pas besoin d'être toujours enfariné.

   Je fais des imitations très théâtrales.

   Je reproduis par mes gestes des attitudes, des actions, des sentiments.

   À la différence d'un clown, je n'utilise pas ma voix.

   Je suis un _mime_

Le Cirque du Soleil et l'aide aux jeunes

En te servant du sens des phrases et du texte, découvre les mots qui manquent.

Savais-tu que Guy Laliberté avait quitté l' _____école_____ à l'âge

de 14 ans? Même s'il était issu d'une famille aisée qui l'encourageait

_____dans_____ la poursuite de ses études, il ne voyait aucune autre

possibilité que de s'engager dans le _____métier_____ d'amuseur public.

Ce sont sûrement ces débuts modestes et _____difficiles_____ , bien

enracinés dans ses souvenirs, qui l'ont amené à se préoccuper des jeunes

décrocheurs et aussi de ceux qui n'ont pas la chance d'aller à l'école. C'est ainsi

qu'est née l'entreprise Cirque du Monde, laquelle rejoint _____des_____

centaines d'enfants sur plusieurs continents. Voilà un moyen _____fabuleux_____

de pédagogie alternative pour cette jeunesse démunie !

Les valeurs véhiculées par cette entreprise sont la confiance, la solidarité,

l'imagination, le goût du risque et l'autonomie. Le fait de s'intégrer ainsi dans

un groupe et de _____vivre_____ des succès leur permet de croire

à nouveau en eux-mêmes et en la société. C'est aussi un tremplin vers un avenir

_____prometteur_____ !

Forts de cette expérience de vie, ces jeunes retrouvent le _____goût_____

d'apprendre. Ainsi, plusieurs d'entre eux, après avoir _____redécouvert_____

un sentiment de _____confiance_____ , retournent à l'école pour y reprendre

leurs études. Plusieurs délaissent l'univers du cirque pour réorienter

_____leur_____ vie selon leurs aspirations personnelles. Pour tous

ces jeunes, ce séjour dans le monde des arts et du cirque laisse à jamais

une empreinte des plus positive.

Le Cirque du Soleil et l'aide aux jeunes

Indique dans les cases qui suivent ce que les pronoms remplacent.

Savais-tu que Guy Laliberté avait quitté l'école à l'âge de 14 ans?

Guy Laliberté		Guy Laliberté

Même s'**il** était issu d'une famille aisée qui **l'**encourageait dans la poursuite de ses

études, il ne voyait aucune autre possibilité que de s'engager dans le métier d'amu-

seur public. Ce sont sûrement ces débuts modestes et difficiles, bien enracinés dans

> ces débuts (modestes et difficiles)

ses souvenirs, **qui** l'ont amené à se préoccuper des jeunes décrocheurs et aussi de

> d'autres jeunes

ceux qui n'ont pas la chance d'aller à l'école. C'est ainsi qu'est née l'entreprise

> l'entreprise

Cirque du Monde, **laquelle** rejoint des centaines d'enfants sur plusieurs continents.

Voilà un moyen fabuleux de pédagogie alternative pour cette jeunesse démunie!

Les valeurs véhiculées par cette entreprise sont la confiance, la solidarité, l'imagina-

tion, le goût du risque et l'autonomie. Le fait de s'intégrer ainsi dans un groupe et de

> aux jeunes | les jeunes

vivre des succès **leur** permet de croire à nouveau en **eux-mêmes** et en la société.

C'est aussi un tremplin vers un avenir prometteur!

Forts de cette expérience de vie, ces jeunes retrouvent le goût d'apprendre. Ainsi,

> les jeunes

plusieurs d'entre **eux**, après avoir redécouvert un sentiment de confiance, retournent

à l'école pour y reprendre leurs études. Plusieurs délaissent l'univers du cirque pour

réorienter leur vie selon leurs aspirations personnelles. Pour tous ces jeunes, ce séjour

dans le monde des arts et du cirque laisse à jamais une empreinte des plus positive.

L'École nationale de cirque

Dans le texte suivant, nous avons écrit des mots en trop. Peux-tu les retrouver et les raturer ? N'oublie pas de bien tenir compte du sens du texte.

L'École nationale de cirque a été ~~très~~ fondée à Montréal, en 1981, par Guy ~~monsieur~~ Caron, comédien et artiste de cirque et par Pierre Leclerc, gymnaste d'élite. Très tôt, cet établissement prend ~~bientôt~~ de l'envergure et devient une véritable école internationale. Innovatrice, cette école a participé à la naissance du Cirque du ~~le~~ Soleil et du Cirque Éloize.

À l'automne 2003, l'école s'installe dans un édifice tout ~~complètement~~ neuf dans le quartier Saint-Michel à Montréal, au cœur de la Cité des arts du ~~beau~~ cirque. Cet espace plus grand et ~~tant~~ mieux aménagé permet à l'école d'accueillir un nombre plus imposant d'élèves. Des locaux facilitent la pratique de toutes les disciplines du cirque en plus de la danse, de jeux théâtraux, d'activités musicales et même de musculation. À tout cela s'ajoutent aussi ~~également~~ des salles de classe destinées à l'enseignement des matières scolaires ~~d'école~~, un centre de documentation de même que des locaux administratifs. Beaucoup ~~trop~~ d'efforts sont conjugués pour favoriser la réussite scolaire ~~polaire~~ et le développement artistique de l'élève.

Ces programmes, de niveaux secondaire et collégial, sont offerts aux élèves du Canada et de l'extérieur ~~autre~~ du pays. Ils soutiennent une vision ~~inconnue~~ basée sur la création, la recherche et l'innovation artistiques.

L'École nationale de cirque

À l'aide de ton dictionnaire et de tes camarades, trouve des mots de la même famille que ceux-ci.

innovation _innover innovateur innovant_

national _nation international nationalité nationaliste nationaliser nationalisation nationalisme_

gymnastique _gymnique gymnaste gymnase_

naissance _naissant né naître renaissance natif_

arts _artistique artiste artistiquement_

espace _spatial espacement espacer_

accueillir _accueil accueillant_

théâtre _théâtralement théâtraliser théâtral théâtralité théâtreux_

musculation _muscle musculature musculaire musculeux musclé_

scolaire _scolarité scolarisé scolarisation scolarisable scolastique_

documentation _document documenté documentaire documentaliste documentariste_

musical _musicien musique musicalité musicalement musicologie musicographe musicographie musicographique musicologue musicothérapie musiquette_

1. En 1984, le nombre des employés du Cirque du Soleil s'élevait à 73. Si ce sont maintenant 2 700 personnes qui y travaillent, peux-tu calculer ce que signifie cette augmentation du nombre d'employés ? Pourrais-tu aussi estimer l'augmentation de la masse salariale à laquelle le Cirque doit maintenant faire face ?

   $2\,700 - 73 = 2\,627$

   $2\,627 \div 73 = 3\,598{,}63\,\%$ de plus

2. On dit que le Cirque du Soleil a visité 90 villes à travers le monde et a réjoui près de 42 millions de spectateurs. Peux-tu calculer la moyenne de spectateurs par ville qui ont assisté aux représentations de ces spectacles ?

   $42\,000\,000 \div 90 = 466\,666{,}66$

3. Supposons que le Cirque du Soleil disposait d'un budget annuel de 11 millions en 1990. Si l'on considère que l'augmentation du coût de la vie se chiffre à 4 % annuellement, à combien estimes-tu le budget dont disposaient les dirigeants pour l'année 1996 ? Quel budget auraient-ils cette année ?

   $1990 = 11\,000\,000$

   $1991 = 11\,440\,000$ ($11\,000\,000 \times 1{,}04$)

   $1992 = 11\,897\,600$ ($11\,440\,000 \times 1{,}04$)

   $1993 = 12\,373\,504$ ($11\,897\,600 \times 1{,}04$)

   $1994 = 12\,868\,444$ ($12\,373\,504 \times 1{,}04$)

   $1995 = 13\,383\,181$ ($12\,868\,444 \times 1{,}04$)

   $1996 = 13\,918\,508$ ($13\,383\,181 \times 1{,}04$)

   Cette année : réponses variables selon l'année

Nom : _____   Date : _____

Grille d'évaluation – Module d'apprentissage (texte narratif)

Composantes	Objectifs	Évaluation
Texte : Sous les chapiteaux	Lire des textes variés.	Commentaires : _____ _____ Modalité de travail : Niveau d'aide : /　//　///　//// Date : _____
L'organisateur graphique des informations ★ ★★ Corrigé	• Sélectionner l'information pertinente en utilisant les mots clés. • Développer la compréhension littérale.	Commentaires : _____ _____ Modalité de travail : Niveau d'aide : /　//　///　//// Date : _____
Texte : Guy Laliberté et le Cirque du Soleil	Lire des textes variés.	Commentaires : _____ _____ Modalité de travail : Niveau d'aide : /　//　///　//// Date : _____
As-tu le goût du risque ? Corrigé	• Sélectionner l'information à l'aide de mots clés. • Développer la compréhension inférentielle et applicative. • Utiliser l'habileté à faire de la recherche documentaire ou électronique.	Commentaires : _____ _____ Modalité de travail : Niveau d'aide : /　//　///　//// Date : _____

Légende : fait seul   fait en dyade   fait en équipe   fait en groupe-classe

/ seul   // avec un petit coup de pouce   /// avec un gros coup de main   //// difficultés même avec de l'aide

Nom : _____ Date : _____

Composantes	Objectifs	Évaluation
Textes : Les spectacles du Cirque du Soleil	Lire des textes variés.	Commentaires : _____ _____ Modalité de travail : Niveau d'aide : / // /// //// Date : _____
Recherche d'adjectifs Corrigé	Développer l'habileté à sélectionner les mots clés. Reconnaître les adjectifs.	Commentaires : _____ _____ Modalité de travail : Niveau d'aide : / // /// //// Date : _____
Publicité pour un nouveau spectacle	• Développer la flexibilité cognitive. • Tenir compte des consignes données. • Apprendre à composer et à bien structurer des phrases. • Utiliser des adjectifs variés et adéquats.	Commentaires : _____ _____ Modalité de travail : Niveau d'aide : / // /// //// Date : _____
Les artistes du cirque (devinettes) ★ ★★ Corrigé	• Développer la reconnaissance de mots clés (mots indices). • Faire converger les éléments importants. • Développer l'inférence.	Commentaires : _____ _____ Modalité de travail : Niveau d'aide : / // /// //// Date : _____
Anticipation dans un texte lacunaire Corrigé	• Développer l'anticipation dans une phrase. • Utiliser les mots *avant* et *après* pour découvrir le sens de la phrase. • Se servir du sens du paragraphe, du texte, pour découvrir le mot à anticiper.	Commentaires : _____ _____ Modalité de travail : Niveau d'aide : / // /// //// Date : _____

Nom : _____   Date : _____

Composantes	Objectifs	Évaluation
Mots de substitution Corrigé	• Conserver le sens tout au long du récit. • Établir des liens entre les référents et les mots de substitution.	Commentaires : _____ _____ Modalité de travail : Niveau d'aide : / // /// //// Date : _____
Des mots en trop Corrigé	• Découvrir les mots essentiels. • Respecter la structure et le sens de la phrase, du texte.	Commentaires : _____ _____ Modalité de travail : Niveau d'aide : / // /// //// Date : _____
Mots de même famille Corrigé	• Développer l'orthographe lexicale en ayant recours aux dérivés et aux familles lexicales. • Contribuer à l'accroissement et à l'enrichissement du vocabulaire. • Développer l'analyse morphologique (suffixe, préfixe, mots de même famille).	Commentaires : _____ _____ Modalité de travail : Niveau d'aide : / // /// //// Date : _____
Un peu de mathématique Corrigé	• Lire et comprendre un problème mathématique. • Parvenir à une bonne représentation mentale du problème. • Dégager les mots importants et faire des liens appropriés. • Utiliser les techniques d'addition, de soustraction, de multiplication et de division. • Approfondir et appliquer la notion de pourcentage.	Commentaires : _____ _____ Modalité de travail : Niveau d'aide : / // /// //// Date : _____

Grille d'autorégulation

Titre du module d'apprentissage : _____

Nom de l'activité : _____

J'ai fait l'activité : **/** seul   **//** avec un petit coup de pouce

         /// avec un gros coup de main   **////** difficultés même avec de l'aide

Ce que j'ai bien réussi : _____

Pourquoi ? _____

_____

Ce que j'ai aimé : _____

Pourquoi ? _____

_____

Ce que j'ai trouvé difficile : _____

Pourquoi ? _____

_____

Les stratégies (trucs) qui m'ont aidée ou aidé à faire l'activité : _____

_____

Ce que j'ai appris en faisant ce travail : _____

_____

Je pourrai me servir de ce que je viens d'apprendre quand...

_____

_____

Mon prochain défi : _____

_____

Mes commentaires : _____

_____

_____

_____

Notes de l'enseignante : _____

_____

_____

_____

7. Premiers jeux et jouets du Québec[1]

Composantes	Processus	Objectifs
Anticipation du texte Corrigé	Processus métacognitif en lecture	• Amener l'élève à clarifier l'état de ses connaissances antérieures. • Lui permettre d'anticiper certains éléments du texte.
Questions de compréhension Corrigé	Macroprocessus et microprocessus en lecture	• Lire et interpréter les questions. • Développer une compréhension en profondeur : littérale, inférentielle ou interprétative. • Réagir en fonction de ses connaissances et de son vécu. • Apprendre à découvrir les mots clés.
Ajuste tes connaissances Corrigé	Processus métacognitif et processus d'élaboration en lecture	Amener l'élève à vérifier l'exactitude de ses connaissances antérieures en les comparant avec les données du texte.
Comparons pour mieux comprendre Corrigé	Microprocessus et macroprocessus en lecture	• Regrouper les informations sélectionnées et les comparer. • Développer une compréhension plus spécifique.
Lecture fluide (trois procédés) Corrigé	Microprocessus en lecture	• Développer sa fluidité en lecture. • Apprendre à lire par groupes de mots significatifs.
Connecteurs de sens Corrigé	Processus d'intégration en lecture	• Améliorer sa compréhension en lecture. • Amener l'élève à bien interpréter les connecteurs de sens.
Mots de substitution Corrigé	Processus d'intégration en lecture	• Bien interpréter les mots de substitution. • Améliorer sa compréhension en lecture.

---

1. Présentez aux élèves l'exercice d'anticipation du texte (p. 260) AVANT de leur faire lire le texte *Premiers jeux et jouets du Québec*.

Composantes	Processus	Objectifs
Devinettes Corrigé	Microprocessus en lecture	• Développer les capacités d'analyse et de synthèse afin de construire du sens. • Utiliser les indices sémantiques pour dégager le mot recherché.
Donne-moi le mot contraire ★ ★★ Corrigé	Écrire des textes variés.	• Enrichir son vocabulaire. • Augmenter son bagage lexical.
Analogies Corrigé	Écrire des textes variés.	• Développer des habiletés d'analyse et de synthèse. • Découvrir le terme générique commun aux mots énumérés.
Activité de communication orale	Communiquer adéquatement à l'oral.	• Développer les habiletés liées à la communication orale. • Utiliser son jugement en se projetant dans le temps. • Utiliser des techniques différentes de représentation visuelle.
Activités de communication écrite	Écrire des textes variés.	Développer et utiliser des techniques différentes de communication écrite (acrostiche, calligramme, devinette, charade, texte descriptif).
Connaissances grammaticales Corrigé	Écrire des textes variés.	• Repérer les groupes essentiels et leurs composantes dans la phrase. • Développer ses connaissances grammaticales en utilisant les classes de mots. • Reconnaître le verbe conjugué. • Identifier le groupe-sujet.
Le temps des verbes Corrigé	Écrire des textes variés.	• Tenir compte du contexte de la phrase pour appliquer ses connaissances liées au temps des verbes conjugués. • Repérer le groupe-sujet. • Accorder adéquatement les verbes.

Chez les Amérindiens

Comme tous les petits enfants, le jeune Amérindien s'éveillait d'abord aux bruits. L'autochtone du Canada transformait en jouet tout ce qui lui tombait sous la main. Le hochet du bébé amérindien existait déjà. C'était un bâton de bois décoré de longs piquants rouges et blancs provenant du porc-épic. À ce bâton étaient attachées plusieurs courroies au bout desquelles étaient fixés des ergots d'orignaux. Les ergots ressemblaient à de la peau cornée provenant de l'arrière de la patte de l'orignal. Quand le parent amérindien agitait ce hochet, le bruit des ergots frappant le bâton de bois divertissait les jeunes enfants.

Les Amérindiens aimaient échanger leurs peaux de castor contre des poupées de porcelaine, une sorte de céramique très fragile, aux formes et aux couleurs nouvelles pour eux.

Chez les autochtones du Canada, le jouet avait un rôle différent de celui qu'il a dans notre culture : il servait davantage à apprendre qu'à divertir. L'enfant se préparait progressivement à son futur rôle d'adulte. Les jouets développaient chez les garçons les ruses de la chasse et l'art de la guerre. Ils apprenaient à manier l'arc et la flèche. Les jouets contribuaient à préparer les fillettes aux tâches domestiques. Les enfants des bois jouaient aussi à la cachette.

L'hiver, ils utilisaient de petites traînes d'éclisses de bois pour aller glisser. Celles-ci étaient faites de deux petites planches fort minces qui leur permettaient de dévaler les pentes enneigées. Les jeunes Amérindiens jouaient à la balle. Regroupés à deux, trois ou quatre, ils se lançaient une balle qui ne devait jamais toucher le sol. Celui qui la laissait tomber perdait la partie.

Quant aux petites Amérindiennes, leur principal jouet de bois était le fuseau : une tige de bois évidée et décorée dans laquelle on insérait une bille de bois ; le jeu était de souffler dans la tige pour lancer la bille le plus loin possible. L'hiver, pour augmenter leurs chances de la lancer plus loin et de gagner, elles prenaient soin de mouiller le fuseau afin qu'il se couvre d'une mince couche de glace.

Aurais-tu aimé vivre à cette époque et jouer comme eux ?

Chez les Québécois

Dans les premières années de la colonisation, à l'époque de la Nouvelle-France, il existait deux types de jouets pour divertir les petits Canadiens français (Québécois) : les jouets de berceau et les jouets de plancher.

Le hochet d'argent était le principal jouet de berceau. Il était réservé aux enfants de la bourgeoisie et de la petite noblesse, c'est-à-dire aux enfants de riches. Dans ce temps-là, de petits grelots étaient fixés à l'extrémité de ce hochet. Chez les moins fortunés, le jeune enfant devait se contenter d'un hochet fait avec des os.

Sitôt qu'il commençait à se traîner sur le plancher de la cuisine familiale, le petit Québécois s'intéressait à d'autres jouets. Il s'amusait avec des ustensiles domestiques que lui procurait sa mère. Il faisait bien du tapage avec son gobelet et sa cuillère. Le jeune enfant québécois passait de nombreuses heures à construire des maisons, des châteaux et des routes avec ses cubes de couleur rouge, jaune ou grise.

Le cheval de bois était le principal jouet de tout petit Québécois. Cela provenait sûrement de l'intérêt que les parents et grands-parents portaient aux chevaux qui leur étaient indispensables à cette époque. Il faut savoir que les chevaux de bois étaient à roulettes ou à bascule. La plupart des autres jouets étaient de fabrication maison et rappelaient les travaux champêtres. Chaque jeune disposait donc d'un petit chariot et de ses instruments de bois pour travailler la terre. Il y avait aussi le bateau, jouet de bois que l'enfant faisait voguer sur l'eau et qu'il ramenait à bon port à l'aide d'une longue ficelle. L'hiver, les enfants québécois délaissaient leur bateau pour s'amuser à dévaler les côtes recouvertes de neige.

Le soldat de bois et, plus tard, le soldat de plomb ont fait leur apparition vers la fin du XIXᵉ siècle. Les enfants se divisaient en deux clans pour jouer à la guerre. Les éraflures des combattants révélaient l'ardeur de ces jeux guerriers.

Les petites Québécoises disposaient d'une certaine variété de poupées. Le corps et les membres étaient faits d'un tissu que l'on remplissait de paille. La tête, les mains et les pieds étaient en bois, en pierre, en porcelaine, en tissu ou en papier mâché. Sur les poupées à tête de chiffon, de simples boutons étaient cousus à la place des yeux. Le nez, la bouche et les oreilles étaient représentés par des brins de laine. La plus ancienne poupée québécoise est en pierre alors que la plus récente est en porcelaine.

La grande sœur et la mère confectionnaient de superbes vêtements pour habiller la poupée. On lui fabriquait aussi des meubles. Le lit du mobilier de la chambre était recouvert d'une courtepointe. Tous ces meubles miniatures représentaient ceux de la maison. Les voitures de poupée étaient cependant plus rares. Les jeunes Québécoises s'inventaient aussi tout un monde en utilisant des ustensiles de cuisine.

Les jouets québécois ont grandement évolué au fil des ans, mais certains, par exemple le hochet et la poupée, demeurent encore les préférés des enfants…

Anticipation du texte

Avant de lire le texte, prends connaissance de chacun des énoncés. Si tu penses que l'énoncé est vrai, fais un X dans la case VRAI. Si tu crois que l'énoncé est faux, fais un X dans la case FAUX.

Énoncés	Vrai	Faux
1. Les bébés amérindiens n'avaient aucun jouet.		
2. Les Amérindiens aimaient échanger uniquement leurs peaux d'ours.		
3. La plupart des jeunes enfants québécois jouaient avec des arcs et des flèches.		
4. L'âne de bois était le principal jouet des petits enfants québécois.		
5. Les premières poupées québécoises étaient entièrement faites de terre cuite.		
6. Les jouets québécois n'ont pas évolué au fil des ans.		
7. Les vêtements des poupées québécoises étaient confectionnés par les mères et les grandes sœurs.		
8. Les garçons amérindiens et québécois aimaient jouer à la guerre.		

Maintenant, lis le texte « Premiers jeux et jouets du Québec ».

Questions de compréhension

1. Quel sens s'éveille en premier chez tous les enfants ?

_____

2. Chez le bébé amérindien, que fixait-on au bout de son hochet pour faire du bruit ?

_____

3. Quel type de troc les Amérindiens faisaient-ils ?

_____

_____

4. Quelle était la fonction du jouet chez les autochtones du Canada ?

_____

5. D'après le texte, comment s'amusaient les petites filles et les petits garçons amérindiens en hiver ?

_____

_____

6. Nomme les deux types de jouets des petits Québécois dans les premières années de la colonisation, à l'époque de la Nouvelle-France.

_____

7. Pourquoi le cheval de bois était-il le principal jouet des enfants québécois ?

_____

_____

8. Peux-tu donner trois particularités des premières poupées québécoises ?

_____

_____

9. Les enfants amérindiens et québécois jouaient à la guerre. En quoi ce jeu est-il différent aujourd'hui ?

_____

10. On dit que les jouets ont grandement évolué au fil des ans. Donne deux exemples de cette évolution.

_____

_____

Ajuste tes connaissances

Maintenant que tu as lu le texte, corrige s'il y a lieu les réponses que tu avais données. Fais un X au bon endroit. Justifie chaque énoncé à l'aide des mots du texte.

Énoncés	Ma réponse concorde avec le texte.	Ma réponse ne concorde pas avec le texte.
1. Les bébés amérindiens n'avaient aucun jouet. _____ _____ _____		
2. Les Amérindiens aimaient échanger uniquement leurs peaux d'ours. _____ _____ _____		
3. La plupart des jeunes enfants québécois jouaient avec des arcs et des flèches. _____ _____ _____		
4. L'âne de bois était le principal jouet des petits enfants québécois. _____ _____ _____		
5. Les premières poupées québécoises étaient entièrement faites de terre cuite. _____ _____ _____		

Ajuste tes connaissances (suite)

Énoncés	Ma réponse concorde avec le texte.	Ma réponse ne concorde pas avec le texte.
6. Les jouets québécois n'ont pas évolué au fil des ans. _____ _____ _____		
7. Les vêtements des poupées québécoises étaient confectionnés par les mères et les grandes sœurs. _____ _____ _____		
8. Les garçons amérindiens et québécois aimaient jouer à la guerre. _____ _____ _____		

Comparons pour mieux comprendre

À partir du texte, fais le relevé des jouets qu'affectionnaient les Amérindiens. Ensuite, essaie de trouver les jouets comparables chez les Québécois.

Amérindiens	Québécois

Lecture fluide

Pour t'aider à améliorer ta fluidité en lecture, nous avons découpé des extraits du texte en groupes de mots. Tu peux utiliser le chronomètre ou le sablier après les deux premiers essais de chaque série pour mesurer ta vitesse de lecture.

A. Comme tous les petits enfants,

le jeune Amérindien

s'éveillait d'abord aux bruits.

L'autochtone du Canada transformait en jouet

tout ce qui lui tombait sous la main.

Le hochet du bébé amérindien

existait déjà.

C'était un bâton de bois

décoré de longs piquants rouges et blancs

provenant du porc-épic.

À ce bâton

étaient attachées plusieurs courroies

au bout desquelles étaient fixés

des ergots d'orignaux.

Les ergots ressemblaient

à de la peau cornée

provenant de l'arrière

de la patte de l'orignal.

Quand le parent amérindien

agitait ce hochet,

le bruit des ergots

frappant le bâton de bois

divertissait les jeunes enfants.

Lecture fluide (suite)

B. Les Amérindiens aimaient échanger/ leurs peaux de castor contre des poupées de porcelaine,/ une sorte de céramique très fragile,/ aux formes et aux couleurs/ nouvelles pour eux./

Chez les autochtones du Canada,/ le jouet avait un rôle différent/ de celui qu'il a/ dans notre culture :/ il servait davantage/ à apprendre qu'à divertir./ L'enfant se préparait progressivement/ à son futur rôle d'adulte./ Les jouets développaient/ chez les garçons/ les ruses de la chasse/ et l'art de la guerre./ Ils apprenaient/ à manier l'arc et la flèche./ Les jouets contribuaient/ à préparer les fillettes /aux tâches domestiques./ Les enfants des bois/ jouaient souvent à la cachette/.

À toi maintenant de faire les coupures

C. L'hiver, ils utilisaient de petites traînes d'éclisses de bois pour aller glisser. Celles-ci étaient faites de deux petites planches fort minces qui leur permettaient de dévaler les pentes enneigées. Les jeunes Amérindiens jouaient à la balle. Regroupés à deux, trois ou quatre, ils se lançaient une balle qui ne devait jamais toucher le sol. Celui qui la laissait tomber perdait la partie.

Quant aux petites Amérindiennes, leur principal jouet de bois était le fuseau : une tige de bois évidée et décorée dans laquelle on insérait une bille de bois ; le jeu était de souffler dans la tige afin de lancer la bille le plus loin possible. L'hiver, pour augmenter leurs chances de gagner, elles prenaient soin de mouiller le fuseau afin qu'il se couvre d'une mince couche de glace.

Aurais-tu aimé vivre à cette époque et jouer comme eux ?

Connecteurs de sens

Des mots qui unissent

Choisis deux connecteurs dans le répertoire des réponses possibles.

• mais	• puisque
• alors que	• afin de
• pour	• sauf que
• car	• tandis que

1. Il fallait manipuler avec soin les poupées de porcelaine _____ _____ ces jouets étaient fragiles.

2. Le hochet d'argent était le principal jouet de berceau _____ _____ il était réservé aux enfants de la bourgeoisie et de la petite noblesse.

3. La plus ancienne poupée québécoise est en pierre _____ _____ la plus récente est en porcelaine.

4. À cette époque, la grande sœur et la mère du jeune enfant québécois confectionnaient de superbes vêtements _____ _____ habiller la poupée.

Mots de substitution

Trouve qui je remplace

Dans les phrases qui suivent, certains mots sont soulignés. Indique de qui ou de quoi il s'agit.

1. L'enfant <u>qui</u> grandit <u>se</u> prépare à prendre de plus en plus de responsabilités.

    _____

2. L'autochtone du Canada transformait en jouet tout <u>ce</u> qui <u>lui</u> tombait sous la main.

    _____

3. La porcelaine, <u>qui</u> est une sorte de céramique très fragile, était utilisée dans la confection de poupées à l'intention des jeunes enfants québécois.

    _____

4. Chez les autochtones du Canada, le jouet a un rôle différent : <u>il</u> sert davantage à apprendre qu'à divertir.

    _____

5. Les jouets développent chez les garçons les ruses de la chasse et l'art de la guerre. <u>Ils</u> apprennent à manier l'arc et la flèche.

    _____

6. Les enfants autochtones du Canada utilisaient de petites traînes d'éclisses de bois pour aller glisser. <u>Celles-ci</u> étaient fabriquées à partir de deux petites planches très minces <u>qui</u> <u>leur</u> permettaient de dévaler les pentes enneigées.

    _____

7. Les jeunes Amérindiens jouaient à la balle. Regroupés à deux, trois ou quatre, <u>ils</u> <u>se</u> lançaient la balle.

    _____

8. Le hochet d'argent était le principal jouet de berceau mais <u>il</u> était réservé aux enfants de la bourgeoisie et de la petite noblesse.

    _____

Devinettes

À l'aide des indices suivants, découvre le mot-mystère.

1. Je suis un mammifère de l'ordre des rongeurs.

    Je me hérisse quand je me sens menacé.

    Mon corps est recouvert de longs piquants.

    Qui suis-je ? _____

2. Je suis un mammifère de l'ordre des rongeurs.

    On me retrouve en Amérique du Nord et en Europe.

    J'habite les lieux où il y a de l'eau.

    Ma fourrure est résistante.

    Ma peau servait de monnaie d'échange aux Amérindiens.

    Qui suis-je ? _____

3. Je peux être fabriquée à partir de matière plastique, de porcelaine ou de tissu.

    Je représente une personne, un enfant.

    Je suis un jouet apprécié.

    Qui suis-je ? _____

4. Je suis formé d'une tige souple de bois ou de métal.

    On me courbe au moyen d'une corde attachée à mes extrémités.

    Je suis un objet qui sert à lancer quelque chose en direction d'une cible.

    Qui suis-je ? _____

5. Je suis une grande demeure.

    Les gens qui m'habitent sont des châtelains.

    Je suis souvent construit sur un très grand terrain.

    Au Moyen Âge, j'étais une habitation fortifiée.

    Qui suis-je ? _____

6. Je participe aux conflits armés entre des pays ou des régions.

    On m'appelle aussi un combattant.

    Je suis un mot de la même famille que le mot « guerre ».

    Qui suis-je ? _____

Donne-moi le mot contraire

Trouve un ou des antonymes pour chacun des mots suivants :

petit : _____

jeune : _____

en haut : _____

guerre : _____

futur : _____

fragile : _____

différent : _____

toujours : _____

perdre : _____

en arrière : _____

Nom : _____   Date : _____

Donne-moi le mot contraire

À partir du répertoire de mots, trouve un antonyme pour chacun des mots suivants :

- loin
- intéressé
- jamais
- détruire
- déneigé
- s'endormir
- sécher
- gigantesque
- rarement
- secondaire
- ancienne
- épaisse

construire : _____

miniature : _____

souvent : _____

s'éveiller : _____

principal : _____

mouiller : _____

enneigé : _____

mince : _____

nouvelle : _____

désintéressé : _____

toujours : _____

proche : _____

Analogies

Découvre à quel groupe j'appartiens

Trouve le point commun entre les trois mots de chacune des séries :

Iroquois, Hurons, Algonquins : _____

hochet, balle, fuseau : _____

bleu, blanc, rouge : _____

cabane, maison, château : _____

bois, brique, pierre : _____

drap, édredon, courtepointe : _____

enfant, adolescent, adulte : _____

castor, porc-épic, orignal : _____

poupée, traîne, cheval de bois : _____

gobelet, verre, tasse : _____

Activité de communication orale

Quand tu auras des enfants, quel jouet voudras-tu leur offrir ? Justifie ton choix. Représente cet objet par un dessin, une construction, une maquette, etc.

_____

_____

_____

_____

_____

_____

_____

Activité de communication écrite : l'acrostiche

Écris un acrostiche à partir de ton prénom. À droite de chacune des lettres de ton prénom, ajoute un adjectif qualificatif. N'écris pas la première lettre de l'adjectif. Elle est déjà dans ton prénom.

Définition de l'acrostiche : mot qu'on lit verticalement et dont les lettres servent à découvrir d'autres mots selon les consignes données.

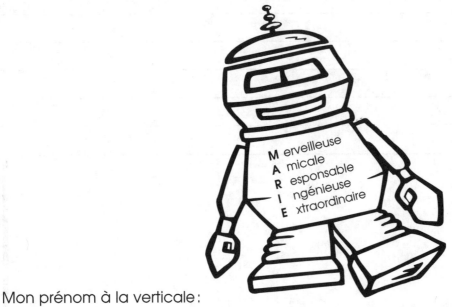

Mon prénom à la verticale :

_____

_____

_____

_____

_____

_____

_____

_____

_____

_____

_____

_____

_____

_____

_____

Activité de communication écrite : l'acrostiche

Fais un acrostiche à partir des mots Amérindien et Québécois. Écris à côté de chacune des lettres.

A _____
m _____
é _____
r _____
i _____
n _____
d _____
i _____
e _____
n _____

Q _____
u _____
é _____
b _____
é _____
c _____
o _____
i _____
s _____

Nom : _____   Date : _____

Activité de communication écrite : le calligramme

Il peut être intéressant de varier les formes de communication écrite. Je te propose le procédé du calligramme.

Définition du calligramme : texte ou extrait poétique dont la disposition représente le thème.

Les gouttes de pluie

tombent doucement

des nuages gris.

L'eau ruisselle

sur ma tête.

Je t'invite maintenant à rédiger un calligramme avec l'un ou l'autre des mots suivants.

- château   - cheval   - poupée   - hochet

Activité de communication écrite

Parle-nous de ton jouet préféré. Choisis l'une des trois façons proposées.

A. En rédigeant une devinette qui inclut une série d'indices menant
à la découverte de ce jouet important pour toi.

Exemple :   Je suis un objet solide en bois.

J'abrite une poupée.

J'ai des fenêtres
et une porte.

Qui suis-je ?

Réponse :
Une maison
de poupée.

B. En composant une charade nous permettant de connaître ce beau souvenir
de ton enfance.

Exemple :   Mon premier est nécessaire pour composer une phrase.

Mon deuxième est la première syllabe des mots suivants :
bilan, bilingue, bijou.

Mon dernier est un déterminant masculin, singulier.

Mon tout est un jouet suspendu.

Réponse : Un mobile.

C. En rédigeant un court texte descriptif qui fournit des informations claires,
complètes et personnelles sur ton jouet préféré.

Tu dois :   – déterminer quel est ton jouet préféré ;

– dire quand tu l'as reçu ;

– indiquer qui te l'a offert ;

– parler de la signification qu'il avait pour toi ;

– parler du souvenir que tu en gardes.

Grille d'évaluation et commentaires pour l'intervenant (communication écrite)

Le jouet est-il bien décrit ?

_____

_____

_____

Les divers aspects sont-ils traités ?

_____

_____

_____

Le texte est-il cohérent ?

_____

_____

_____

Les phrases sont-elles bien structurées ?

_____

_____

_____

Le vocabulaire est-il adéquat ?

_____

_____

_____

Objectif visés pour la prochaine communication écrite :

_____

_____

_____

Connaissances grammaticales

A. Souligne le verbe conjugué dans chacune des phrases.

B. Encercle le groupe-sujet.

Exemple : (Le hochet du bébé amérindien) <u>existait</u> déjà.

1. Les Amérindiens aimaient échanger leurs peaux de castor.

2. La porcelaine est une sorte de céramique très fragile.

3. Chez les autochtones du Canada, le jouet servait davantage à apprendre.

4. Les jouets développaient chez le garçon les ruses de la chasse et l'art

   de la guerre.

5. L'hiver, les enfants utilisaient de petites traînes pour aller glisser.

6. Le principal jouet de bois des petites Amérindiennes était le fuseau.

7. Le hochet d'argent amusait certains petits Québécois.

8. Le cheval de bois intéressait vivement le jeune enfant québécois.

Le temps des verbes

Utilise le temps qui convient pour chacun des verbes tout en pensant à accorder le verbe avec son sujet.

1. Les autochtones du Canada _____ en jouets tout ce
   (transformer)

   qui leur _____ sous la main. À cette époque, il fallait créer
   (tomber)

   de ses propres mains car il y _____ peu de choses sur
   (avoir)

   le marché.

2. La porcelaine _____ une sorte de céramique très fragile.
   (être)

   Elle _____ à plusieurs collectionneurs.
   (plaire)

3. Le principal jouet de bois qui _____ les petites Amérindiennes
   (amuser)

   _____ le fuseau. Elles _____ avec
   (être)   (jouer)

   cet objet des heures durant.

4. Au début du siècle, le cheval de bois _____ le principal
   (être)

   jouet de tout petit Québécois.

5. Quand je serai parent d'un jeune enfant, je lui _____
   (raconter)

   une histoire chaque soir avant qu'il s'endorme. De tout temps, les enfants

   _____ se faire raconter des histoires par leur papa ou
   (aimer)

   leur maman.

Avant de lire le texte, prends connaissance de chacun des énoncés. Si tu penses que l'énoncé est vrai, fais un X dans la case VRAI. Si tu crois que l'énoncé est faux, fais un X dans la case FAUX.

Énoncés	Vrai	Faux
1. Les bébés amérindiens n'avaient aucun jouet.		X
2. Les Amérindiens aimaient échanger uniquement leurs peaux d'ours.		X
3. La plupart des jeunes enfants québécois jouaient avec des arcs et des flèches.		X
4. L'âne de bois était le principal jouet des petits enfants québécois.		X
5. Les premières poupées québécoises étaient entièrement faites de terre cuite.		X
6. Les jouets québécois n'ont pas évolué au fil des ans.		X
7. Les vêtements des poupées québécoises étaient confectionnés par les mères et les grandes sœurs.	X	
8. Les garçons amérindiens et québécois aimaient jouer à la guerre.	X	

Maintenant, lis le texte « Premiers jeux et jouets du Québec ».

1. Quel sens s'éveille en premier chez tous les enfants?

   L'ouïe. Tous les enfants commencent par s'éveiller aux bruits.

2. Chez le bébé amérindien, que fixait-on au bout de son hochet pour faire du bruit?

   On fixait des ergots d'orignaux.

3. Quel type de troc les Amérindiens faisaient-ils?

   Les Amérindiens échangeaient leurs peaux de castor contre des poupées de porcelaine.

4. Quelle était la fonction du jouet chez les autochtones du Canada?

   Il servait davantage à apprendre qu'à divertir.

5. D'après le texte, comment s'amusaient les petites filles et les petits garçons amérindiens en hiver?

   Les petits garçons et les petites filles amérindiens s'amusaient à glisser avec de petites

   traînes d'éclisses de bois et à lancer la balle. Les petites filles s'amusaient avec le fuseau.

6. Nomme les deux types de jouets des petits Québécois dans les premières années de la colonisation, à l'époque de la Nouvelle-France.

   Jouets de berceau et jouets de plancher

7. Pourquoi le cheval de bois était-il le principal jouet des enfants québécois?

   À cause de l'intérêt que portaient les parents et grands-parents aux chevaux qui leur

   étaient indispensables à cette époque.

8. Peux-tu donner trois particularités des premières poupées québécoises?

   Plusieurs réponses sont possibles.

9. Les enfants amérindiens et québécois jouaient à la guerre. En quoi ce jeu est-il différent aujourd'hui?

   Selon la perception de l'élève

10. On dit que les jouets ont grandement évolué au fil des ans. Donne deux exemples de cette évolution.

    Plusieurs réponses sont possibles.

Maintenant que tu as lu le texte, corrige s'il y a lieu les réponses que tu avais données. Fais un X au bon endroit. Justifie chaque énoncé à l'aide des mots du texte.

Énoncés	Ma réponse concorde avec le texte.	Ma réponse ne concorde pas avec le texte.
1. Les bébés amérindiens n'avaient aucun jouet. L'autochtone du Canada transformait en jouet tout ce qui lui tombait sous la main.		
2. Les Amérindiens aimaient échanger uniquement leurs peaux d'ours. Les Amérindiens aimaient échanger leurs peaux de castor.		
3. La plupart des jeunes enfants québécois jouaient avec des arcs et des flèches. Le cheval de bois était le principal jouet de tout petit Québécois.		
4. L'âne de bois était le principal jouet des petits enfants québécois. Voir la réponse au numéro 3.		
5. Les premières poupées québécoises étaient entièrement faites de terre cuite. La plus ancienne poupée québécoise est en pierre alors que la plus récente est en porcelaine.		

Énoncés	Ma réponse concorde avec le texte.	Ma réponse ne concorde pas avec le texte.
6. Les jouets québécois n'ont pas évolué au fil des ans. _Les jouets québécois ont grandement évolué au fil des ans mais certains, par exemple le hochet et la poupée, demeurent les préférés des enfants._		
7. Les vêtements des poupées québécoises étaient confectionnés par les mères et les grandes sœurs. _La grande sœur et la mère confectionnaient de superbes vêtements pour habiller les poupées._		
8. Les garçons amérindiens et québécois aimaient jouer à la guerre. _Oui, les enfants québécois se divisaient en deux clans pour jouer à la guerre et pour les enfants amérindiens, les jouets développaient les ruses de la chasse et l'art de la guerre._		

À partir du texte, fais le relevé des jouets qu'affectionnaient les Amérindiens. Ensuite, essaie de trouver les jouets comparables chez les Québécois.

Amérindiens	Québécois
Hochet avec ergots	Hochet d'argent, hochet avec des os
Arc et flèches (chasse et guerre)	Soldats de bois, de plomb (guerre)
Poupées de porcelaine	Poupées de porcelaine, de bois, de paille, de tissu, de papier mâché, de pierre
Traînes d'éclisses de bois	Traînes ou traîneaux

À toi maintenant de faire les coupures

C. L'hiver/, ils utilisaient de petites traînes d'éclisses de bois/ pour aller glisser/. Celles-ci étaient faites/ de deux petites planches fort minces/ qui leur permettaient/ de dévaler les pentes enneigées/. Les jeunes Amérindiens/ jouaient à la balle/. Regroupés à deux/, trois ou quatre/, ils se lançaient une balle/ qui ne devait jamais toucher le sol/. Celui qui la laissait tomber/ perdait la partie/.

Quant aux petites Amérindiennes/, leur principal jouet de bois/ était le fuseau :/ une tige de bois évidée et décorée/ dans laquelle on insérait une bille de bois/ ; le jeu était de souffler dans la tige/ afin de lancer la bille le plus loin possible/. L'hiver,/ pour augmenter leurs chances de gagner/, elles prenaient soin/ de mouiller le fuseau/ afin qu'il se couvre/ d'une mince couche de glace/.

Aurais-tu aimé/ vivre à cette époque/ et jouer comme eux/ ?

Des mots qui unissent

Choisis deux connecteurs dans le répertoire des réponses possibles.

- mais
- alors que
- pour
- car

- puisque
- afin de
- sauf que
- tandis que

---

1. Il fallait manipuler avec soin les poupées de porcelaine _____ _car,_ _____
_____ _puisque_ _____ ces jouets étaient fragiles.

2. Le hochet d'argent était le principal jouet de berceau _____ _sauf qu',_ _____
_____ _mais_ _____ il était réservé aux enfants de la bourgeoisie et de
la petite noblesse.

3. La plus ancienne poupée québécoise est en pierre _____ _alors que, mais,_ _____
_____ _tandis que_ _____ la plus récente est en porcelaine.

4. À cette époque, la grande sœur et la mère du jeune enfant québécois
confectionnaient de superbes vêtements _____ _pour,_ _____
_____ _afin d'_ _____ habiller la poupée.

Trouve qui je remplace

Dans les phrases qui suivent, certains mots sont soulignés. Indique de qui ou de quoi il s'agit.

1. L'enfant <u>qui</u> grandit <u>se</u> prépare à prendre de plus en plus de responsabilités.

   l'enfant, l'enfant

2. L'autochtone du Canada transformait en jouet tout <u>ce</u> qui <u>lui</u> tombait sous la main.

   le matériel, l'autochtone

3. La porcelaine, <u>qui</u> est une sorte de céramique très fragile, était utilisée dans la confection de poupées à l'intention des jeunes enfants québécois.

   la porcelaine

4. Chez les autochtones du Canada, le jouet a un rôle différent : <u>il</u> sert davantage à apprendre qu'à divertir.

   le jouet

5. Les jouets développent chez les garçons les ruses de la chasse et l'art de la guerre. <u>Ils</u> apprennent à manier l'arc et la flèche.

   les garçons

6. Les enfants autochtones du Canada utilisaient de petites traînes d'éclisses de bois pour aller glisser. <u>Celles-ci</u> étaient fabriquées à partir de deux petites planches très minces <u>qui</u> <u>leur</u> permettaient de dévaler les pentes enneigées.

   les traînes, les planches, les enfants autochtones

7. Les jeunes Amérindiens jouaient à la balle. Regroupés à deux, trois ou quatre, <u>ils</u> <u>se</u> lançaient la balle.

   les jeunes Amérindiens, les jeunes Amérindiens

8. Le hochet d'argent était le principal jouet de berceau mais <u>il</u> était réservé aux enfants de la bourgeoisie et de la petite noblesse.

   le hochet

À l'aide des indices suivants, découvre le mot-mystère.

1. Je suis un mammifère de l'ordre des rongeurs.

   Je me hérisse quand je me sens menacé.

   Mon corps est recouvert de longs piquants.

   Qui suis-je ? Le porc-épic

2. Je suis un mammifère de l'ordre des rongeurs.

   On me retrouve en Amérique du Nord et en Europe.

   J'habite les lieux où il y a de l'eau.

   Ma fourrure est résistante.

   Ma peau servait de monnaie d'échange aux Amérindiens.

   Qui suis-je ? Le castor

3. Je peux être fabriquée à partir de matière plastique, de porcelaine ou de tissu.

   Je représente une personne, un enfant.

   Je suis un jouet apprécié.

   Qui suis-je ? La poupée

4. Je suis formé d'une tige souple de bois ou de métal.

   On me courbe au moyen d'une corde attachée à mes extrémités.

   Je suis un objet qui sert à lancer quelque chose en direction d'une cible.

   Qui suis-je ? L'arc

5. Je suis une grande demeure.

   Les gens qui m'habitent sont des châtelains.

   Je suis souvent construit sur un très grand terrain.

   Au Moyen Âge, j'étais une habitation fortifiée.

   Qui suis-je ? Le château

6. Je participe aux conflits armés entre des pays ou des régions.

   On m'appelle aussi un combattant.

   Je suis un mot de la même famille que le mot « guerre ».

   Qui suis-je ? Le guerrier

Trouve un ou des antonymes pour chacun des mots suivants :

petit : grand

jeune : vieux, âgé, ancien

en haut : en bas

guerre : paix, réconciliation, entente, accord

futur : passé, autrefois, jadis

fragile : solide, robuste, résistant

différent : pareil, semblable, comparable, égal, identique

toujours : jamais

perdre : gagner, vaincre, garder, retrouver

en arrière : en avant, devant, précédemment

Donne-moi le mot contraire

À partir du répertoire de mots, trouve un antonyme pour chacun des mots suivants :

- loin
- intéressé
- jamais
- détruire
- déneigé
- s'endormir
- sécher
- gigantesque
- rarement
- secondaire
- ancienne
- épaisse

construire : détruire

miniature : gigantesque

souvent : rarement

s'éveiller : s'endormir

principal : secondaire

mouiller : sécher

enneigé : déneigé

mince : épaisse

nouvelle : ancienne

désintéressé : intéressé

toujours : jamais

proche : loin

Découvre à quel groupe j'appartiens

Trouve le point commun entre les trois mots de chacune des séries :

Iroquois, Hurons, Algonquins :	*des Amérindiens*
hochet, balle, fuseau :	*des jouets*
bleu, blanc, rouge :	*des couleurs*
cabane, maison, château :	*des habitations*
bois, brique, pierre :	*des matériaux*
drap, édredon, courtepointe :	*des articles de literie*
enfant, adolescent, adulte :	*des stades du développement de l'être humain*
castor, porc-épic, orignal :	*des animaux*
poupée, traîne, cheval de bois :	*des jouets*
gobelet, verre, tasse :	*des récipients servant à boire*

A. Souligne le verbe conjugué dans chacune des phrases.

B. Encercle le groupe-sujet.

Exemple : (Le hochet du bébé amérindien) existait déjà.

1. (Les Amérindiens) aimaient échanger leurs peaux de castor.

2. (La porcelaine) est une sorte de céramique très fragile.

3. Chez les autochtones du Canada, (le jouet) servait davantage à apprendre.

4. (Les jouets) développaient chez le garçon les ruses de la chasse et l'art

de la guerre.

5. L'hiver, (les enfants) utilisaient de petites traînes pour aller glisser.

6. (Le principal jouet de bois des petites Amérindiennes) était le fuseau.

7. (Le hochet d'argent) amusait certains petits Québécois.

8. (Le cheval de bois) intéressait vivement le jeune enfant québécois.

Utilise le temps qui convient pour chacun des verbes tout en pensant à accorder le verbe avec son sujet.

1. Les autochtones du Canada _____transformaient_____ en jouets tout ce
   (transformer)

   qui leur _____tombait_____ sous la main. À cette époque, il fallait créer
   (tomber)

   de ses propres mains car il y _____avait_____ peu de choses sur
   (avoir)

   le marché.

2. La porcelaine _____est_____ une sorte de céramique très fragile.
   (être)

   Elle _____plaît_____ à plusieurs collectionneurs.
   (plaire)

3. Le principal jouet de bois qui _____amusait_____ les petites Amérindiennes
   (amuser)

   _____était_____ le fuseau. Elles _____jouaient_____ avec
   (être)   (jouer)

   cet objet des heures durant.

4. Au début du siècle, le cheval de bois _____était_____ le principal
   (être)

   jouet de tout petit Québécois.

5. Quand je serai parent d'un jeune enfant, je lui _____raconterai_____
   (raconter)

   une histoire chaque soir avant qu'il s'endorme. De tout temps, les enfants

   _____ont aimé_____ se faire raconter des histoires par leur papa ou
   (aimer)

   leur maman.

Grille d'évaluation – Module d'apprentissage (texte informatif)

7. Premiers jeux et jouets du Québec

Composantes	Objectifs	Évaluation
Anticipation du texte Corrigé	• Amener l'élève à clarifier l'état de ses connaissances antérieures. • Lui permettre d'anticiper certains éléments du texte.	Commentaires : _____ _____ Modalité de travail : Niveau d'aide : Date : _____
Questions de compréhension Corrigé	• Lire et interpréter les questions. • Développer une compréhension en profondeur : littérale, inférentielle ou interprétative. • Réagir en fonction de ses connaissances et de son vécu. • Apprendre à découvrir les mots clés.	Commentaires : _____ _____ Modalité de travail : Niveau d'aide : Date : _____
Ajuste tes connaissances Corrigé	Amener l'élève à vérifier l'exactitude de ses connaissances antérieures en les comparant avec les données du texte.	Commentaires : _____ _____ Modalité de travail : Niveau d'aide : Date : _____
Comparons pour mieux comprendre Corrigé	• Regrouper les informations sélectionnées et les comparer. • Développer une compréhension plus spécifique.	Commentaires : _____ _____ Modalité de travail : Niveau d'aide : Date : _____

Légende : 🪑 fait seul   🪑🪑 fait en dyade   🪑🪑 fait en équipe   👥 fait en groupe-classe

／ seul   ／／ avec un petit coup de pouce   ／／／ avec un gros coup de main   ／／／／ difficultés même avec de l'aide

Composantes	Objectifs	Évaluation
Lecture fluide (trois procédés) Corrigé	• Développer sa fluidité en lecture. • Apprendre à lire par groupes de mots significatifs.	Commentaires : _____ _____ Modalité de travail : Niveau d'aide : / // /// //// Date : _____
Connecteurs de sens Corrigé	• Améliorer sa compréhension en lecture. • Amener l'élève à bien interpréter les connecteurs de sens.	Commentaires : _____ _____ Modalité de travail : Niveau d'aide : / // /// //// Date : _____
Mots de substitution Corrigé	• Bien interpréter les mots de substitution. • Améliorer sa compréhension en lecture.	Commentaires : _____ _____ Modalité de travail : Niveau d'aide : / // /// //// Date : _____
Devinettes Corrigé	• Développer les capacités d'analyse et de synthèse afin de construire du sens. • Utiliser les indices sémantiques pour dégager le mot recherché.	Commentaires : _____ _____ Modalité de travail : Niveau d'aide : / // /// //// Date : _____
Donne-moi le mot contraire ★ ★★ Corrigé	• Enrichir son vocabulaire. • Augmenter son bagage lexical.	Commentaires : _____ _____ Modalité de travail : Niveau d'aide : / // /// //// Date : _____

Composantes	Objectifs	Évaluation
Analogies Corrigé	• Développer des habiletés d'analyse et de synthèse. • Découvrir le terme générique commun aux mots énumérés.	Commentaires : _____ _____ Modalité de travail : Niveau d'aide : / // /// //// Date : _____
Activité de communication orale	• Développer les habiletés liées à la communication orale. • Utiliser son jugement en se projetant dans le temps. • Utiliser des techniques différentes de représentation visuelle.	Commentaires : _____ _____ Modalité de travail : Niveau d'aide : / // /// //// Date : _____
Activités de communication écrite	Développer et utiliser des techniques différentes de communication écrite (acrostiche, calligramme, devinette, charade, texte descriptif).	Commentaires : _____ _____ Modalité de travail : Niveau d'aide : / // /// //// Date : _____
Connaissances grammaticales Corrigé	• Repérer les groupes essentiels et leurs composantes dans la phrase. • Développer ses connaissances grammaticales en utilisant les classes de mots. • Reconnaître le verbe conjugué. • Identifier le groupe-sujet.	Commentaires : _____ _____ Modalité de travail : Niveau d'aide : / // /// //// Date : _____
Le temps des verbes Corrigé	• Tenir compte du contexte de la phrase pour appliquer ses connaissances liées au temps des verbes conjugués. • Repérer le groupe-sujet. • Accorder adéquatement les verbes.	Commentaires : _____ _____ Modalité de travail : Niveau d'aide : / // /// //// Date : _____

Grille d'autorégulation

Titre du module d'apprentissage : _____

Nom de l'activité : _____

J'ai fait l'activité : / seul // avec un petit coup de pouce

/// avec un gros coup de main //// difficultés même avec de l'aide

Ce que j'ai bien réussi : _____

Pourquoi ? _____

_____

Ce que j'ai aimé : _____

Pourquoi ? _____

_____

Ce que j'ai trouvé difficile : _____

Pourquoi ? _____

_____

Les stratégies (trucs) qui m'ont aidée ou aidé à faire l'activité : _____

_____

Ce que j'ai appris en faisant ce travail : _____

_____

Je pourrai me servir de ce que je viens d'apprendre quand...

_____

_____

Mon prochain défi : _____

_____

Mes commentaires : _____

_____

_____

_____

Notes de l'enseignante : _____

_____

_____

_____

1. Au pays de mes connaissances

Les questions savantes

Les orientations

Le présent module d'apprentissage permet aux élèves d'élargir leur culture générale, de stimuler leur curiosité et de se questionner sur le monde dans lequel ils vivent. De plus, ce module sollicite le développement de la mémoire à court et à long terme.

Ce jeu «Les questions savantes» fournit aux élèves diverses occasions d'exploiter leurs compétences transversales d'ordre intellectuel, personnel et social.

À travers le traitement de l'ensemble des questions et des textes, chaque élève mettra à profit ses diverses formes d'intelligence :

- l'intelligence linguistique (lecture, compréhension, cartes sémantiques, exposés, etc.),

- l'intelligence logico-mathématique (cartes conceptuelles, affiches, réseaux organisés, comparaisons, cause-conséquence, etc.),

- l'intelligence intrapersonnelle (préciser ses goûts, sa connaissance de ses habiletés, etc.),

- l'intelligence interpersonnelle (échanges, coopération, jeu, etc.),

- l'intelligence musicale (techniques mnémoniques à travers le rythme, la musique, etc.),

- l'intelligence kinesthésique (mouvement et manipulation, produit tridimensionnel, etc.),

- l'intelligence visuospatiale (représentation graphique, collage, diagramme, etc.),

- l'intelligence naturaliste (éléments naturels contenus dans les textes, etc.).

Procédure et suggestions

1. Répartir les textes en créant des équipes de travail. Permettre aux élèves intéressés et habiles de compléter les textes courts en faisant des recherches plus avancées sur les thèmes proposés. Leur permettre aussi de lancer une recherche sur un sujet de leur choix.

2. Allouer un certain laps de temps afin de permettre à chaque équipe de s'approprier le texte et de définir une façon de l'exploiter dans le but de le présenter à ses camarades (affiches, réseaux, présentation de diapositives en format PowerPoint, mimes, chants, etc.).

3. Permettre aux élèves de rédiger des questions et de formuler les réponses adéquates en vue du jeu-questionnaire. Des questions sont proposées, aux pages 310 à 322 inclusivement, pour soutenir les élèves en difficulté d'apprentissage.

4. Fixer au calendrier des périodes allouées à la présentation et à l'apprentissage des autres thèmes en rendant disponible à tous les élèves la totalité des questions et des informations permettant d'y répondre.

5. Organiser le jeu des questions savantes (suivant la formule du jeu-questionnaire télévisé *Génies en herbe*) entre équipes, entre classes, entre cycles, entre écoles, etc.

▼

Suggestions :

- faire une répétition générale ;
- prévoir le matériel ainsi que la disponibilité de juges ;
- prévoir la rotation des diverses équipes. Débuter avec les élèves les plus habiles afin de fournir un modelage aux élèves moins sûrs d'eux ;
- conserver, d'une fois à l'autre, un pourcentage de questions de base afin de permettre aux élèves qui éprouvent des difficultés de les mémoriser plus facilement, de répondre sans faire d'erreur et de connaître ainsi la satisfaction de la réussite lorsque leur tour viendra.

Questions savantes

Le but initial de ce module d'apprentissage est d'amener les élèves à rédiger leurs propres questions dans l'optique de créer leur jeu-questionnaire.

Nous mettons aussi à votre disposition une banque de questions pour enrichir ce répertoire et aider les élèves qui éprouveraient des difficultés à en formuler.

Nous vous suggérons d'utiliser uniquement les questions qui répondent aux besoins de votre niveau et qui suscitent l'intérêt de vos élèves.

Le singe

Les singes, qui appartiennent à l'ordre des primates, sont nos plus proches parents et bien plus intelligents que l'on imagine. Ils vivent comme nous en société et ont, entre eux, des relations surprenantes. Ils sont capables de ruses, de solidarité, d'amitié, de tromperies et de complicités.

Il existe environ 150 espèces de singes dans le monde. Ils vivent principalement dans des régions tropicales, surtout sur le continent africain. Les températures trop froides ou trop chaudes ne leur conviennent pas. En effet, aucune espèce de singes n'hiberne: aussi doivent-ils pouvoir trouver de la nourriture tout au long de l'année.

Les singes se caractérisent surtout par leurs yeux très rapprochés et par le fait qu'ils ont cinq doigts aux pieds et aux mains. À l'exception des petits ouistitis et des tamarins qui possèdent des griffes, les autres singes ont, tout comme nous, des ongles plats. Leurs mains, d'une grande dextérité, leur permettent de saisir avec précision les branches et d'attraper ainsi les fruits dont ils raffolent. Leurs yeux, rapprochés à l'avant de leur face, leur donnent l'avantage de voir en trois dimensions. Par contre, leur odorat est peu développé comparativement à leur ouïe. Même si leurs oreilles externes ressemblent aux nôtres, ils entendent mieux que nous les sons aigus et sont capables, contrairement à nous, de percevoir les ultrasons.

Les singes sont très expressifs tant par leurs grimaces que par leur «langage». Grâce à la mobilité de leurs lèvres, de leurs joues et des muscles de leur face, ils réussissent à communiquer en faisant des grimaces. Il faut cependant connaître la signification de ces dernières car si le sourire exprime pour nous la joie ou le plaisir, pour le singe, il signifie la peur.

Les singes ne possèdent pas de langage proprement dit, mais ils réussissent à communiquer entre eux en utilisant des gestes et de 20 à 30 cris différents selon les espèces. Dans leur langage, ils font connaître aux autres leurs émotions, leurs sentiments, les dangers qu'ils perçoivent… En général, les cris faibles leur servent à converser entre eux, les cris de contact leur sont utiles pour ne pas se perdre dans l'épais feuillage, et les cris courts et aigus leur permettent de s'avertir du danger. En effet, si ces derniers étaient plus longs, ils permettraient à leurs ennemis de les repérer et de les attaquer.

Savais-tu que les gibbons, singes d'Asie du Sud-Est, ont été étudiés par des chanteurs d'opéra? Surprenant, n'est-ce pas? C'est que chaque matin, au lever du soleil, le mâle et la femelle donnent un concert de chants harmonieux des plus stupéfiants.

Savais-tu que, depuis 1992, on ne trouve plus de singes dans les animaleries du Québec? C'est qu'une loi a été votée cette année-là pour empêcher le commerce de détail des singes et de plusieurs autres animaux sauvages. En plus de mettre en danger la santé et la sécurité des singes qui étaient souvent mal nourris, mal entretenus et retenus en cage, certains propriétaires d'animaleries allaient même jusqu'à leur arracher les dents pour qu'ils ne puissent plus mordre. Les singes, étant des animaux ne respectant qu'un seul maître, devenaient en effet dangereux pour les autres personnes (clients éventuels) qu'ils considéraient comme leur ennemi ou leur inférieur. Dans ce cas, ils pouvaient les mordre, les griffer et leur manifester beaucoup d'hostilité.

Si tu veux compléter cette recherche par quelque chose de différent, sache que le 22 janvier 2004, la Chine est entrée dans l'année du Singe...

L'hippocampe

L'hippocampe est un petit poisson d'à peine 20 cm de long. Son nom lui a été donné à cause de sa silhouette particulière qui le fait ressembler à un petit cheval courbé. *Hippos,* en grec, signifie «cheval» et *kampê* veut dire «courbure». Ces deux mots le décrivent parfaitement.

Physiquement, on peut dire aussi que chaque partie de son corps est bien spéciale. Il ne ressemble pas vraiment aux poissons, même s'il fait partie de leur famille, car son corps est dépourvu d'écailles. Comme eux, il respire avec des branchies et possède des nageoires (une nageoire dorsale en forme d'éventail et des nageoires pectorales juste derrière la tête). On ne peut pas dire qu'il se sert de ses nageoires comme les autres poissons. En effet, il se déplace en faisant onduler sa nageoire dorsale par des mouvements vifs. Sa queue, enroulée sur elle-même et très fine, lui sert principalement à vivre attaché à des plantes, des corps flottants et à se laisser déplacer avec eux. Il faut en conclure que c'est un très mauvais nageur qui habite dans les herbes marines et les algues.

Sa bouche, en forme de museau se terminant en tube, lui permet d'aspirer sa proie dès qu'elle s'entrouvre. En faisant ce mouvement, l'hippocampe produit un son craquant qui peut s'entendre à courte distance. Il n'a pas de dents et se nourrit donc de crustacés provenant de plantes et de larves de poissons. Ses yeux, qui peuvent bouger l'un indépendamment de l'autre, lui permettent de découvrir et de suivre ses proies dans les moindres recoins.

En plus d'avoir un corps très particulier, l'hippocampe nous surprend par sa vie de couple et sa vie familiale très différentes des autres espèces. Le mâle et la femelle ont inversé les rôles traditionnellement alloués à chacun d'eux. Eh oui, ce sont les pères qui portent les bébés et qui leur donnent naissance.

La femelle hippocampe dépose environ 200 œufs dans la poche abdominale du mâle. Après quelques semaines d'incubation, les œufs vont éclore et se nourrir de l'intérieur de la poche abdominale. Lorsque la gestation est terminée, le père éprouve de violentes contractions et les expulse par petits groupes. Les bébés, parfaitement développés, s'accrochent alors aux algues, aux plantes à la portée de leur queue préhensible. Ils entament alors une vie qui peut s'avérer parfois très dangereuse.

Une vie dangereuse à bien des égards car, dès leur naissance, ils sont abandonnés par leurs parents. De plus, les hippocampes sont très recherchés par les Asiatiques qui les utilisent dans la préparation des médicaments. Chaque année, 16 millions d'hippocampes servent à la pharmacopée chinoise. Ils ont des propriétés servant à guérir de nombreuses maladies, paraît-il, même si cela n'a pas encore été prouvé scientifiquement.

Autre menace pour ces petits «chevaux de mer»: en Amérique du Nord et en Europe, on les utilise souvent comme éléments décoratifs dans les aquariums. Pourtant, la majorité de ces captifs ne survivent que quelques jours dans de telles conditions.

De plus, les hippocampes séchés sont souvent vendus comme porte-bonheur ou objets décoratifs dans les régions touristiques.

En attendant qu'une loi vienne protéger ces pauvres animaux et qu'elle mette fin aux pratiques barbares qui ont cours en la matière, console-toi en te disant qu'heureusement, ce n'est pas un poisson comestible... personne ne sait encore comment l'apprêter pour le manger!

Si tu veux poursuivre cette recherche, tu pourrais t'intéresser à la mythologie grecque qui parle de son «ancêtre» très lointain, un monstre marin, moitié cheval, moitié poisson... de la même famille que les sirènes...!

L'étoile de mer

L'étoile de mer est un animal marin fascinant à découvrir. Tu en vois souvent des représentations à cinq bras. On l'imagine aussi avec une tête un peu originale comprenant deux yeux, une bouche et bien sûr un cerveau. Certains dessins animés en font un petit personnage se déplaçant sur deux pattes. Au-delà de ces images légèrement romancées, que savons-nous à son sujet?

L'étoile de mer porte aussi le nom d'astérie et elle appartient au groupe des échinodermes. Il y en a une multitude, de formes et de couleurs différentes. Certaines sont minuscules et ne dépassent pas un à deux centimètres à l'âge adulte, alors que d'autres atteignent 70 centimètres.

On imagine toujours l'étoile de mer avec cinq bras. Pourtant, il y a une très grande variété d'étoiles de mer et certaines espèces possèdent jusqu'à 40 bras. La plupart d'entre elles affichent de fines épines sur leur face supérieure. On ne voit ni yeux, ni bouche, ni rien qui puisse évoquer la présence d'une tête ou d'un cerveau… L'étoile de mer n'a, en effet, pas de cerveau! Elle a cependant un système nerveux formé d'un réseau de nerfs. Elle survit grâce à ses sens, le toucher et l'odorat. De plus, elle réagit à la lumière. Par ailleurs, l'étoile de mer a bel et bien une bouche, mais sur sa face inférieure.

Les étoiles de mer se nourrissent de mollusques et de déchets. Lorsqu'elles s'attaquent à des proies trop grosses pour elles, elles peuvent éjecter leur estomac par la bouche et digérer leurs proies hors de leur corps. N'est-ce pas étonnant? Par ailleurs, certaines espèces peuvent absorber de la nourriture microscopique à travers leur peau.

Les astéries se déplacent lentement, en rampant, car leurs bras sont munis de minuscules pieds en forme de tubes. Ces tubes, localisés sous leurs bras, leur permettent de saisir leurs proies.

Il arrive que des étoiles de mer s'automutilent pour échapper à leurs prédateurs. Cependant, elles ont une faculté de régénération: le bras manquant repousse. Certaines d'entre elles peuvent même se reproduire à partir d'un seul bras. Voilà un autre aspect renversant des étoiles de mer.

En terminant, disons que les étoiles de mer ont toutes sortes de formes et de grandeurs. Ces animaux ont des caractéristiques bien différentes de la gentille image à la forme presque humaine! Cette créature ne cessera pas de t'étonner!

La chauve-souris

Qui ne connaît pas d'histoires d'horreur au sujet des chauves-souris ? Si tu connaissais un peu plus ce mammifère, tu pourrais savoir si ces histoires sont fondées.

L'image la plus connue de la chauve-souris représente un animal se délectant du sang de sa proie. Les chauves-souris sont-elles toutes des vampires pareils aux personnages de films d'horreur ?

Il existe environ un millier d'espèces de chauves-souris. En général, il s'agit d'animaux insectivores ; ils nous rendent donc service puisqu'ils éliminent de nombreux insectes. Cependant, certaines espèces préfèrent les fruits, d'autres se nourrissent de fleurs ou de leur nectar. Il y a bien quelques chauves-souris carnivores. Il est aussi vrai que les chauves-souris de type vampire se nourrissent du sang aspiré par de légères blessures qu'elles font aux animaux à sang chaud. Voilà peut-être d'où viennent toutes ces histoires d'horreur. Rassure-toi, cette espèce vit loin d'ici, surtout en Amérique centrale et en Amérique du Sud. Mais la mauvaise réputation des chauves-souris ne s'arrête pas là...

Selon une autre croyance, les chauves-souris s'agripperaient aux cheveux des êtres humains, particulièrement aux cheveux des femmes. Voilà pourquoi beaucoup de gens s'inquiètent à l'idée qu'une chauve-souris s'approche d'eux... On a vu des gens se mettre les mains sur la tête et s'accroupir pour se protéger ! De fait, s'il advenait qu'une chauve-souris entre en contact avec un humain, cela se produirait de façon involontaire : il est plus probable que ce soit la chauve-souris qui s'enfuie.

On raconte également que les chauves-souris mordent les êtres humains. En réalité, elles cherchent le plus possible à éviter notre compagnie. Elles mordent seulement si elles sont malades ou se sentent menacées, par exemple si elles sont prises en chasse. En cas de morsure, tu t'en doutes bien, il faut consulter un médecin de toute urgence.

On pense souvent qu'il est difficile de capturer une chauve-souris entrée par accident dans une maison. Pourtant, il suffit de fermer toutes les ouvertures et d'utiliser un grand drap ou une couverture pour la capturer, comme dans un filet. Il ne reste plus qu'à libérer l'animal effrayé à l'extérieur.

Autre croyance populaire : la chauve-souris aurait des pattes fort puissantes ! On dit que si elle s'agrippait à vos cheveux, comme certains l'imaginent, ce serait tout un défi que de s'en dégager ! Les pattes de cet animal ne sont pas si puissantes : elles lui permettent tout juste de se percher et de dormir la tête en bas. À preuve, ce mammifère ne parvient ni à marcher ni à courir.

Que dire de plus au sujet de cet animal étonnant ? Sa fourrure est douce et ses grandes oreilles le servent très bien. En effet, grâce à son ouïe, la chauve-souris est capable de se déplacer dans une très grande obscurité et même dans une forêt très dense sans pour autant heurter d'obstacles. Pourquoi ? La chauve-souris se dirige grâce au son, par écholocation, c'est-à-dire par l'utilisation d'un système semblable à celui du sonar. Elle émet des sons et, grâce à l'écho perçu en retour, elle localise les obstacles, les proies ainsi que les sources d'alimentation de son environnement. Il faut savoir que certaines chauves-souris utilisent aussi beaucoup leur vue pour s'orienter. À titre d'exemple, les mégachiroptères, qui ont les yeux plus grands que les microchiroptères, se servent davantage de la vue que de l'ouïe pour se déplacer.

Sauf quelques exceptions, toutes les chauves-souris ne sont actives que la nuit. Durant le jour, elles se cachent et se reposent dans divers endroits comme les grottes et les crevasses.

Malgré une faible capacité de reproduction, la population de chauves-souris demeure assez élevée. C'est principalement dû à leur remarquable longévité. En effet, elles peuvent vivre 10 ans et même davantage ! Le hibou est le principal prédateur de certaines espèces de chauves-souris. Les chauves-souris s'avèrent fort nombreuses et elles existent depuis très longtemps : on a même retrouvé un fossile remontant à 60 millions d'années. On pense que les premières espèces sont d'abord apparues dans les climats chauds et se sont déplacées vers des régions plus tempérées. Plus on se rapproche des températures extrêmes, comme dans la zone arctique, moins il y a d'espèces de chauves-souris, allant jusqu'à l'inexistence sous un froid excessif.

Il y a encore beaucoup de choses à découvrir sur ce mammifère ! À toi maintenant d'aller de l'avant...

Pourquoi des cheveux et des poils ?

Il y a trois millions d'années, l'homme, tout comme le singe, était couvert de poils. Il possédait une fourrure qui lui permettait de se protéger du froid et de la chaleur. En effet, l'air retenu dans la couche de poils formait une barrière thermique empêchant la perte de chaleur du corps. Cette barrière entraînait de sérieuses économies d'énergie. As-tu déjà remarqué la façon dont le chat hérisse ses poils lorsqu'il a froid ? C'est le même phénomène de la barrière qui se produit pour le tenir au chaud.

L'homme préhistorique, lorsqu'il se mit à chasser, en vint à garder les peaux et fourrures des animaux et à s'en servir comme vêtements. De plus, une deuxième découverte apporta des changements dans la pilosité de l'homme : le feu. Ainsi, l'homme perdit progressivement sa toison car les vêtements, le feu et les abris remplacèrent sa fourrure naturelle, le protégeant ainsi des intempéries.

Alors, pourquoi avoir conservé tant de cheveux ? Les cheveux sont un très bon isolant pour le cerveau qui est un organe de la tête très proche de l'extérieur du corps. Savais-tu qu'en cas de trop grand froid ou de trop grande chaleur, le cerveau est le premier organe du corps à être atteint ? Il doit se défendre contre l'hypothermie ou l'insolation. Dans un cas comme dans l'autre, il aura beaucoup de difficultés à contrôler les vaisseaux sanguins qui régissent la vie de l'être humain. Il est donc très important de le protéger, été comme hiver.

Malgré tous les changements apportés à notre mode de vie, nous avons gardé longtemps la tête découverte. Les chapeaux et les tuques n'ont pas encore réussi à modifier le fait que nous sommes encore «poilus» sur la tête. Par ailleurs, on remarque facilement de nos jours que ceux qui portent constamment la casquette deviennent chauves plus rapidement.

Avant même notre naissance, nos cheveux sont contenus dans de petits sacs que l'on nomme «follicules pileux». Après avoir poussé, les cheveux peuvent changer de taille mais jamais leur nombre n'augmentera. Un adulte possède environ 100 000 cheveux. Ceux-ci tombent au rythme de 50 à 100 par jour mais ne repoussent pas tous. C'est pourquoi, en vieillissant, les cheveux deviennent plus clairsemés. Chez les hommes, contrairement aux femmes, la chute des cheveux est d'origine héréditaire et hormonale. Donc, les garçons, si vous voulez savoir ce qu'il vous restera de cheveux lorsque vous aurez 40, 50 ou 60 ans, vous n'avez qu'à regarder la tête de votre père ou de vos oncles!

Que dire de la couleur des cheveux qui change pour tous jusqu'à devenir blanche! Les cellules, qui fabriquent la couleur des cheveux, ralentissent leur travail au fil des ans. La mélanine, pigment qui colore les cheveux mais aussi la peau, finit même par arrêter son travail et c'est alors que les cheveux deviennent blancs.

Tu veux poursuivre cette recherche? Tu pourrais te demander, puisque l'on perd plus de 50 cheveux par jour, quelle est la durée de vie d'un cheveu. Connais-tu la réponse à cette question? T'est-il possible de la déduire?

Les fleurs

Fleurs diurnes, fleurs nocturnes...

Le jour, la plupart des fleurs s'ouvrent et absorbent la lumière et la chaleur du soleil. Le soir venu, elles se referment pour se protéger de la fraîcheur de la nuit. Toutefois, d'autres fleurs sensibles au rayonnement solaire se referment durant la journée et s'ouvrent durant la nuit.

Fleurs de couleurs...

La coloration des fleurs est due à la présence de pigments qui diffèrent d'une variété à l'autre. Les cellules végétales contiennent des corpuscules qui accumulent des pigments. Ces pigments peuvent donner une couleur rose, jaune, mauve, orange ou rouge, par exemple. D'autres pigments donneront des couleurs différentes selon que le suc cellulaire est acide ou basique. La fleur peut alors passer d'un rose vif au bleu ou au violet.

Les fleurs se fanent

Les fleurs ne durent qu'un temps. Leur beauté et leur odeur attirent les humains, mais aussi les abeilles et d'autres visiteurs comme les insectes, les oiseaux, les chauves-souris, ce qui favorise le phénomène de la pollinisation. Une fois fécondés, le calice et la corolle, qui confèrent sa beauté à la fleur, deviennent inutiles, dégénèrent et laissent place au fruit qui grossit ou à la graine qui mûrit. Souvent, la fleur cède sa place à un fruit, comme la fleur du pommier qui cède sa place à la pomme. Le fruit grossit et tombe par terre. Il finit par pourrir et sème alors ses graines dans la terre. Bientôt une plante nouvelle apparaîtra qui fleurira à son tour. C'est là le cycle de la vie!

Pots de fleurs

Les plantes ont besoin d'eau. Elles puisent leur nourriture par les racines, lesquelles absorbent les sels minéraux dissous dans l'eau. Un certain degré d'humidité est nécessaire au bien-être et à l'alimentation de la plante mais un surplus d'eau peut faire pourrir les racines. Il importe donc que le surplus d'eau soit drainé à l'extérieur. Voilà pourquoi on retrouve un trou percé au fond des pots de fleurs !

Le parfum des fleurs

Les fleurs embaument de leur parfum l'espace environnant grâce à des essences odorantes et volatiles qui s'évaporent peu à peu. Ces parfums attirent les insectes, les oiseaux. En voletant d'une fleur à l'autre, ces «touristes» transportent une poudre habituellement jaune qui permet aux fleurs de se transformer en fruits. Le parfum des fleurs est un mélange de plusieurs substances chimiques, alcools complexes, huiles essentielles, etc.

De la fleur au flacon de parfum

Pour obtenir un parfum à partir de fleurs, on plonge d'abord les fleurs dans une graisse qui absorbe et fixe leur parfum. Quand on fait chauffer cette graisse parfumée, des essences s'évaporent. On les refroidit alors pour qu'elles se condensent et reviennent à leur état liquide. Un bon parfum est un mélange dont la composition est un secret bien gardé. Il est composé d'essences naturelles et de produits synthétiques.

Pourquoi les chevaux tapent-ils du sabot lorsqu'ils nous regardent ?

Les chevaux peuvent gratter le sol avec le bout de leur sabot ou ils peuvent frapper le sol avec leur sabot complètement à plat. Ces deux comportements ont des significations différentes.

Lorsque le cheval gratte le sol, c'est un signe d'impatience. Il voudrait bien bouger à sa guise pour se déplacer, rentrer dans son box ou en sortir. Ce mouvement de la patte peut également vouloir dire qu'il a faim et qu'il veut manger. Le cheval qui est nourri de carottes, de pommes à n'importe quel moment de la journée et sans que cela représente une récompense, développe souvent ce genre de comportement. Connais-tu l'expression «piaffer d'impatience»? Cette expression nous vient de la race chevaline quand le cheval gratte le sol en signe de frustration.

Lorsque le cheval frappe le sol de son sabot à plat, il s'agit d'un avertissement. Cet avertissement s'adresse surtout aux autres chevaux mais il peut également s'adresser à nous, les humains. Ce geste veut dire «n'approche pas car je ne le tolérerai pas, tu me déranges». Il est de l'intérêt de tous de respecter l'espace vital du cheval lorsqu'il donne ce signal. Si, en plus, le cheval baisse les oreilles, alors là, il faut vraiment prendre cet avertissement au sérieux et faire très attention.

Pourquoi les bêtes sauvages n'ont-elles pas froid durant l'hiver ?

Les animaux sauvages possèdent des manières différentes de se protéger du froid pendant la saison hivernale. Certains animaux hibernent : ils s'endorment dans des abris où ils seront en sécurité durant tout l'hiver tels des terriers ou encore des cavernes. Ces bêtes vivent dans un état d'engourdissement, la température de leur corps s'abaissant durant l'hiver. La fourrure de plusieurs de ces bêtes s'épaissit durant l'automne, ce qui contribue à les protéger efficacement de la froidure hivernale. De plus, il est intéressant de savoir que certains animaux à sang chaud accumulent de la graisse avant l'hiver, ce qui les protège du froid et leur fournit des réserves alimentaires pendant cette période où ils dorment.

En ce qui a trait aux animaux à sang froid, tels que les grenouilles, les lézards et les couleuvres, ils peuvent se réfugier dans une cavité du sol, dans de la boue ou de la vase, ou encore dans un cocon. Ils tombent alors en léthargie.

Écho

Les murs et les parois rocheuses renvoient les sons et les bruits, tout comme les miroirs reflètent la lumière. L'écho, c'est ce bruit ou ce cri qui se répercute après avoir rencontré la paroi d'un rocher, un mur ou encore un obstacle suffisamment imposant. Si tu te mets à crier devant la paroi d'un rocher, tu entendras assez distinctement ton cri à quelques secondes ou fractions de seconde d'intervalle, selon la distance.

Quand une onde sonore rencontre un obstacle, elle se réfléchit vers sa source. C'est ainsi que se produit l'écho. L'écho sera net et précis si le son est bref et se rend à la surface réfléchissante sans être déformé en chemin. Pour qu'il y ait écho, il faut que la distance parcourue par le son jusqu'à l'obstacle soit supérieure à 17 mètres.

On s'imagine souvent que l'écho ne peut se faire entendre que dans un environnement montagneux. Pourrais-tu l'entendre ailleurs ?

Pourquoi les animaux ne parlent-ils pas ?

C'est un fait que les hommes parlent entre eux parce qu'ils ont l'usage de la parole. Les animaux ont certes développé des modes de communication mais ceux-ci s'avèrent limités. Certains parviennent cependant à se faire comprendre en émettant des cris de manière plaintive ou enjouée.

Les animaux supérieurs tel le singe ont un larynx leur permettant de produire des sons. Ainsi, il leur est possible d'indiquer à leurs semblables la présence d'un danger ou la découverte de nourriture. Toutefois, aucun d'eux ne peut élaborer un langage complexe qui exprime des idées ou des concepts. Il n'y a que le cerveau de l'homme qui contienne un nombre suffisant de neurones pour permettre un langage articulé, l'une des représentations de l'intelligence humaine.

Mais que peut-on dire au sujet du perroquet ?

Pourquoi les animaux bougent-ils leurs oreilles ?

Vous est-il déjà arrivé de porter votre main à votre oreille pour mieux saisir les sons ou les bruits environnants ? Les animaux peuvent orienter leurs oreilles vers les bruits ou les sons environnants afin de connaître leur provenance.

Il est intéressant de savoir que le pavillon de l'oreille de nombreux animaux, celui du chien par exemple, est très mobile. Lorsque l'animal entend un bruit, il peut tourner l'oreille dans cette direction afin de mieux entendre. Grâce à ses facultés auditives très développées, l'animal peut mieux se protéger ou encore, dans le cas d'un prédateur, repérer plus aisément sa proie. Savais-tu que le kangourou peut parvenir à bouger une seule oreille à la fois en direction du bruit qu'il perçoit ?

Le coq chante tôt le matin. Il se sent en forme dès l'aube. Ce sont les premières lueurs du soleil qui le réveillent ; dès lors, il est prêt à commencer sa journée. Par son chant, il signifie à tous les autres oiseaux qui vivent dans la basse-cour qu'il est le maître des lieux.

Même si l'on trouve parfois plusieurs coqs dans une même basse-cour, un seul d'entre eux chantera. Le coq chanteur de cette basse-cour est celui qui a démontré qu'il est le plus fort. Les coqs se battent entre eux, et c'est le plus puissant qui devient maître du territoire. Le coq peut aussi chanter pour signifier à ses rivaux qu'ils ont intérêt à se tenir loin de ses poules, de son «harem».

Durant la journée, le coq chante aussi, mais son chant est plus doux. Par ce chant, il fait savoir aux femelles de la basse-cour qu'il est là et que, si l'occasion se présente, il prendra soin d'elles.

Le singe

1. Pourquoi dit-on que les singes ont une certaine forme d'intelligence ?

_____

_____

_____

_____

2. Peux-tu faire la différence entre les verbes «hiverner» et «hiberner» ?

_____

_____

3. Les singes hivernent-ils ou hibernent-ils ? Pourquoi ?

_____

_____

4. Nomme trois caractéristiques physiques des singes.

_____

_____

_____

_____

_____

5. Nomme des particularités du langage des singes.

_____

_____

_____

6. Pourquoi y a-t-il une loi qui interdit la vente de singes dans les animaleries du Québec ?

_____

7. Pourquoi dit-on que la Chine est entrée, en 2004, dans l'année du Singe ?

_____

_____

_____

_____

_____

L'hippocampe

1. Quelle est l'origine du mot «hippocampe»?

_____

_____

2. Peux-tu comparer l'hippocampe aux poissons en nommant deux ressemblances et quatre différences?

_____

_____

_____

_____

3. Comment s'y prend-il pour se nourrir?

_____

_____

4. Qu'est-ce qui lui permet de suivre ses proies dans les moindres recoins?

_____

_____

5. Explique trois particularités de la vie familiale et de la vie de couple des hippocampes.

_____

_____

_____

6. Pourquoi les bébés hippocampes s'accrochent-ils aux algues, aux plantes?

_____

_____

_____

7. Peux-tu nommer les habitants du pays qui utilisent les hippocampes pour soigner les gens?

_____

L'hippocampe (suite)

8. Nomme deux utilisations des hippocampes qui peuvent nuire à leur survie.

_____

_____

_____

_____

9. Pourquoi dit-on que c'est un animal non comestible ?

_____

_____

10. Donne deux éléments d'information sur l'ancêtre de l'hippocampe.

_____

_____

L'étoile de mer

1. Peux-tu donner le nom scientifique de l'étoile de mer et son groupe d'appartenance ?

   _____

   _____

   _____

2. Nomme une particularité des bras de l'étoile de mer.

   _____

   _____

   _____

3. Parle-nous d'une caractéristique importante de l'estomac de l'étoile de mer.

   _____

   _____

   _____

4. L'étoile de mer peut « s'automutiler » ; que veut dire ce terme ?

   _____

   _____

   _____

5. Comment se traduit la faculté de régénération de l'étoile de mer ?

   _____

   _____

   _____

6. Comment l'étoile de mer peut-elle survivre sans cerveau ?

   _____

   _____

   _____

La chauve-souris

1. À quelle espèce animale les chauves-souris appartiennent-elles ?

   _____

2. Quels sont les modes d'alimentation des chauves-souris ?

   _____

   _____

   _____

3. Quelle est l'origine des histoires d'horreur qu'on raconte à propos
   des chauves-souris ?

   _____

   _____

   _____

4. Les gens ont-ils raison de craindre qu'une chauve-souris s'agrippe à leurs
   cheveux ? Justifie ta réponse à l'aide du texte.

   _____

   _____

   _____

5. En quelles circonstances les chauves-souris mordent-elles les êtres humains ?

   _____

   _____

6. Quelles informations les cris de la chauve-souris lui fournissent-ils ?

   _____

   _____

7. Quels sont les divers habitats des chauves-souris ?

   _____

8. Quels mots du texte te disent que la chauve-souris vit longtemps ?

   _____

9. Peux-tu comparer le cri de la chauve-souris à celui de la baleine ?
   (Pour répondre à cette question, tu devras faire une petite recherche.)

   _____

   _____

   _____

Pourquoi des cheveux et des poils ?

1. À quoi servaient les poils chez l'homme préhistorique ?

_____

_____

2. Nomme les trois éléments qui ont remplacé la fourrure chez l'homme.

_____

_____

3. Quel organe doit-on protéger en premier lorsqu'il fait trop froid ou trop chaud ? Justifie ta réponse.

_____

_____

4. Combien de cheveux un adulte possède-t-il ?

_____

5. Quelles sont les différences entre la chute des cheveux chez l'homme et chez la femme ?

_____

_____

_____

6. Quel est le pigment qui colore les cheveux et la peau ?

_____

_____

7. Qu'est-ce qui explique que les cheveux deviennent blancs ?

_____

_____

Les fleurs

Fleurs diurnes, fleurs nocturnes...

1. Explique pourquoi certaines fleurs s'ouvrent le jour et se referment la nuit, alors que d'autres font le contraire.

_____

_____

_____

_____

Fleurs de couleurs...

2. Qu'est-ce qui produit les diverses couleurs des fleurs ?

_____

_____

Les fleurs se fanent

3. Pourquoi l'abeille butine-t-elle les fleurs ?

_____

_____

Pots de fleurs

4. Quelle est l'utilité du trou percé au fond des pots de fleurs ?

_____

_____

Le parfum des fleurs

5. Quels « touristes » sont attirés par la poudre jaune des fleurs ?

_____

_____

De la fleur au flacon de parfum

6. À quoi sert la graisse dans la fabrication du parfum ?

_____

_____

_____

Pourquoi les chevaux tapent-ils du sabot lorsqu'ils nous regardent ?

1. Nomme deux façons qu'a le cheval de s'exprimer avec ses sabots ?

_____

_____

2. Que veut dire le cheval lorsqu'il gratte le sol ?

_____

_____

3. Que veut dire le cheval lorsqu'il frappe le sol de son sabot à plat ?

_____

_____

4. Quel autre signe nous dit : « prudence » ?

_____

_____

Pourquoi les bêtes sauvages n'ont-elles pas froid durant l'hiver ?

1. Donne des caractéristiques de l'hibernation.

_____

_____

_____

_____

_____

_____

2. Nomme trois animaux à sang froid.

_____

_____

Écho

1. Quelles sont les conditions idéales pour que l'écho soit clair?

_____

_____

_____

2. Quelles caractéristiques l'obstacle doit-il avoir pour qu'il y ait écho?

_____

_____

3. Pourrais-tu entendre l'écho ailleurs que dans un environnement montagneux? Tu peux faire une petite recherche.

_____

_____

Pourquoi les animaux ne parlent-ils pas?

1. Que manque-t-il aux animaux pour parler (donne deux éléments)?

   _____

   _____

   _____

2. Que peuvent signifier les cris d'un animal?

   _____

   _____

3. Que peut-on dire au sujet du perroquet? Tu peux faire une recherche.

   _____

   _____

Date : _____

Pourquoi les animaux bougent-ils leurs oreilles ?

1. Quelle différence y a-t-il entre les oreilles humaines et les oreilles animales ?

   _____

   _____

2. Qu'ont de particulier les oreilles du kangourou ?

   _____

   _____

Pourquoi le coq chante-t-il le matin ?

1. Nomme les trois choses que le coq veut dire quand il chante.

   _____

   _____

   _____

2. Lorsqu'il y a plusieurs coqs dans la basse-cour, lequel devient le maître du territoire ? Et comment ?

   _____

   _____

   _____

1. Pourquoi dit-on que les singes ont une certaine forme d'intelligence ?

   Ils vivent en société. Ils ont des relations surprenantes. Ils sont capables de ruses, de solidarité, d'amitié, de tromperies et de complicités. Ils sont expressifs par leurs grimaces. Ils communiquent entre eux par des gestes et des cris. Ils chantent. Ils savent reconnaître leur maître...

2. Peux-tu faire la différence entre les verbes « hiverner » et « hiberner » ?

   Hiberner : passer l'hiver dans un état d'engourdissement...

   Hiverner : passer l'hiver à l'abri des intempéries....

3. Les singes hivernent-ils ou hibernent-ils ? Pourquoi ?

   Les singes hivernent. Ils doivent se nourrir pendant tout l'hiver. C'est pourquoi ils n'habitent pas les régions trop froides ou trop chaudes qui ne leur conviennent pas.

4. Nomme trois caractéristiques physiques des singes.

   Leurs yeux sont très rapprochés. En général, ils ont cinq doigts aux pieds et aux mains. En majorité, ils ont des ongles plats. Leurs mains sont d'une grande dextérité. Ils voient en trois dimensions. Leur odorat est peu développé. Ils entendent mieux que nous les sons aigus et perçoivent les ultrasons. Ils sont très expressifs. Ils font des grimaces et des bruits.

5. Nomme des particularités du langage des singes.

   Leur sourire exprime la peur. Ils font des gestes pour communiquer. Ils possèdent de 20 à 30 cris différents. Ils font connaître leurs émotions, leurs sentiments, les dangers, leur colère.

6. Pourquoi y a-t-il une loi qui interdit la vente de singes dans les animaleries du Québec ?

   Pour éviter qu'ils soient maltraités, mal nourris, en cage... et qu'ils deviennent dangereux...

7. Pourquoi dit-on que la Chine est entrée, en 2004, dans l'année du Singe ?

   Les 12 signes de l'horoscope chinois sont comparables à nos signes du zodiaque (balance, taureau, lion, poisson, etc.). À chaque année correspond un signe. L'année du Singe (2004) est caractérisée par l'intelligence, la vivacité, mais également par l'indiscipline. Les Chinois aiment les singes parce qu'ils sont « malins, intelligents et mignons ». Selon les diseurs de bonne aventure, le singe est synonyme d'opportunité et de récompense pour ceux qui acceptent de prendre des risques...

1. Quelle est l'origine du mot «hippocampe»?

   Ce mot provient du grec hippos, *qui signifie « cheval », et* kampê, *qui veut dire « courbure ».*

2. Peux-tu comparer l'hippocampe aux poissons en nommant deux ressemblances et quatre différences?

   Ressemblances : Il respire avec des branchies. Il possède des nageoires. Différences :

   Ses nageoires bougent autrement : il fait onduler sa nageoire dorsale par des mouvements

   vifs. Sa queue lui permet de vivre attaché aux plantes... C'est un très mauvais nageur.

   Son corps est dépourvu d'écailles.

3. Comment s'y prend-il pour se nourrir?

   Il se sert de sa bouche en forme de museau qui se termine en tube pour aspirer sa proie.

4. Qu'est-ce qui lui permet de suivre ses proies dans les moindres recoins?

   Ses yeux, qui peuvent bouger l'un indépendamment de l'autre.

5. Explique trois particularités de la vie familiale et de la vie de couple des hippocampes.

   Les mâles et les femelles ont inversé les rôles. Les pères portent les bébés et leur

   donnent naissance. Ce sont eux qui ont des contractions et expulsent les bébés.

6. Pourquoi les bébés hippocampes s'accrochent-ils aux algues, aux plantes?

   Comme ils sont abandonnés par leurs parents dès leur naissance, ils doivent se débrouiller

   tout seuls. Ils s'accrochent aux algues ou aux plantes pour ne pas être emportés au loin.

7. Peux-tu nommer les habitants du pays qui utilisent les hippocampes pour soigner les gens?

   Les Chinois.

8. Nomme deux utilisations des hippocampes qui peuvent nuire à leur survie.

On les utilise comme éléments décoratifs dans les aquariums où ils meurent rapidement.

Ils sont séchés pour être ensuite vendus aux touristes comme porte-bonheur ou objets

décoratifs.

9. Pourquoi dit-on que c'est un animal non comestible?

Les humains ne le mangent pas. On ne sait pas comment l'apprêter pour le manger.

10. Donne deux éléments d'information sur l'ancêtre de l'hippocampe.

Son ancêtre est associé à la mythologie grecque. C'était un monstre marin moitié cheval,

moitié poisson. Il était de la même famille que les sirènes.

1. Peux-tu donner le nom scientifique de l'étoile de mer et son groupe d'appartenance ?

   Le nom scientifique de l'étoile de mer est « astérie ». Elle appartient au groupe des

   échinodermes.

2. Nomme une particularité des bras de l'étoile de mer.

   Les bras de l'étoile de mer sont munis de minuscules pieds en forme de tubes. Ces tubes,

   qui se trouvent sous ses bras, lui permettent de se déplacer et de saisir ses proies.

3. Parle-nous d'une caractéristique importante de l'estomac de l'étoile de mer.

   L'étoile de mer peut éjecter son estomac de sa bouche et digérer littéralement ses

   victimes à l'extérieur de son corps.

4. L'étoile de mer peut « s'automutiler » ; que veut dire ce terme ?

   Ce terme signifie que l'étoile de mer peut s'infliger une blessure, allant même jusqu'à couper

   un ou plusieurs de ses bras pour échapper à un prédateur.

5. Comment se traduit la faculté de régénération de l'étoile de mer ?

   Un bras manquant peut repousser. Il peut même arriver qu'une nouvelle étoile de mer se

   reforme à partir d'un seul bras.

6. Comment l'étoile de mer peut-elle survivre sans cerveau ?

   L'étoile de mer survit grâce à son système nerveux et à ses sens : le toucher et l'odorat.

1. À quelle espèce animale les chauves-souris appartiennent-elles ?

   Ce sont des mammifères.

2. Quels sont les modes d'alimentation des chauves-souris ?

   La plupart des espèces de chauves-souris sont insectivores, certaines préfèrent les fruits,

   d'autres se nourrissent de fleurs ou de leur nectar. Il y a quelques chauves-souris qui sont

   carnivores.

3. Quelle est l'origine des histoires d'horreur qu'on raconte à propos des chauves-souris ?

   Certaines espèces de chauves-souris de type « vampire » se nourrissent du sang aspiré à

   partir de légères blessures qu'elles infligent à des animaux à sang chaud.

4. Les gens ont-ils raison de craindre qu'une chauve-souris s'agrippe à leurs cheveux ? Justifie ta réponse à l'aide du texte.

   Non. S'il advenait qu'une chauve-souris entre en contact avec un humain, cela se produirait

   de manière involontaire. Il est plus probable que ce soit la chauve-souris qui s'enfuie.

5. En quelles circonstances les chauves-souris mordent-elles les êtres humains ?

   Les chauves-souris mordent uniquement si elles sont malades ou si elles se sentent

   menacées.

6. Quelles informations les cris de la chauve-souris lui fournissent-ils ?

   Ils lui permettent de localiser les obstacles, les proies ainsi que les sources d'alimentation

   dans son environnement.

7. Quels sont les divers habitats des chauves-souris ?

   Leurs habitats sont généralement les grottes et les crevasses.

8. Quels mots du texte te disent que la chauve-souris vit longtemps ?

   Elle a une remarquable longévité.

9. Peux-tu comparer le cri de la chauve-souris à celui de la baleine ? (Pour répondre à cette question, tu devras faire une petite recherche.)

   Elles se dirigent toutes deux par écholocation. Elles émettent des sons puis elles en

   reçoivent l'écho, ce qui leur permet de s'orienter, de se diriger et de localiser leur

   nourriture.

1. À quoi servaient les poils chez l'homme préhistorique ?

   Cette fourrure lui permettait de se protéger du froid et de la chaleur.

2. Nomme les trois éléments qui ont remplacé la fourrure chez l'homme.

   Les vêtements, le feu et les abris ont remplacé sa fourrure.

3. Quel organe doit-on protéger en premier lorsqu'il fait trop froid ou trop chaud ? Justifie ta réponse.

   Le cerveau car c'est l'organe de la tête le plus proche de l'extérieur du corps.

4. Combien de cheveux un adulte possède-t-il ?

   Un adulte possède environ 100 000 cheveux.

5. Quelles sont les différences entre la chute des cheveux chez l'homme et chez la femme ?

   En vieillissant, les cheveux deviennent clairsemés mais chez l'homme, contrairement à la femme, la chute des cheveux est d'origine héréditaire et hormonale.

6. Quel est le pigment qui colore les cheveux et la peau ?

   La mélanine est le pigment qui donne leur couleur aux cheveux et à la peau.

7. Qu'est-ce qui explique que les cheveux deviennent blancs ?

   La mélanine, pigment qui colore les cheveux, finit par arrêter son travail.

Fleurs diurnes, fleurs nocturnes...

1. Explique pourquoi certaines fleurs s'ouvrent le jour et se referment la nuit, alors que d'autres font le contraire.

Le jour, la plupart des fleurs s'ouvrent et absorbent la lumière et la chaleur du soleil. Le

soir venu, elles se referment pour se protéger de la fraîcheur de la nuit. Toutefois, d'autres

fleurs sensibles au rayonnement solaire se referment durant la journée et s'ouvrent durant

la nuit.

Fleurs de couleurs...

2. Qu'est-ce qui produit les diverses couleurs des fleurs?

La coloration des fleurs est due à la présence de pigments qui diffèrent d'une variété à

l'autre.

Les fleurs se fanent

3. Pourquoi l'abeille butine-t-elle les fleurs?

Elle est attirée par leur beauté, leur odeur (et aussi par les sucs qu'elles contiennent).

Pots de fleurs

4. Quelle est l'utilité du trou percé au fond des pots de fleurs?

Il permet au surplus d'eau d'être drainé à l'extérieur.

Le parfum des fleurs

5. Quels «touristes» sont attirés par la poudre jaune des fleurs?

Les insectes et les oiseaux.

De la fleur au flacon de parfum

6. À quoi sert la graisse dans la fabrication du parfum?

La graisse absorbe et fixe le parfum des fleurs et, une fois chauffée, elle libère les

essences qui serviront à faire des parfums.

Pourquoi les chevaux tapent-ils du sabot lorsqu'ils nous regardent ?

Corrigé

1. Nomme deux façons qu'a le cheval de s'exprimer avec ses sabots ?

   Il peut frapper ou gratter le sol avec ses sabots.

2. Que veut dire le cheval lorsqu'il gratte le sol ?

   C'est un signe d'impatience. Il voudrait bouger à sa guise ou se déplacer d'un endroit

   à un autre.

3. Que veut dire le cheval lorsqu'il frappe le sol de son sabot à plat ?

   Il s'agit d'un avertissement. Il ne veut pas se faire déranger.

4. Quel autre signe nous dit : « prudence » ?

   Quand il baisse les oreilles, alors là, il faut vraiment prendre cet avertissement très

   au sérieux.

344 Module de réinvestissement 1

1. Donne des caractéristiques de l'hibernation.

   Les bêtes qui hibernent s'endorment, vivent dans un état d'engourdissement, la température

   de leur corps peut même s'abaisser, leur fourrure s'épaissit durant l'automne. Certaines

   accumulent de la graisse avant l'hiver, ce qui les protège du froid et leur fournit des

   réserves alimentaires.

2. Nomme trois animaux à sang froid.

   Les grenouilles, les lézards et les couleuvres.

1. Quelles sont les conditions idéales pour que l'écho soit clair ?

   L'écho sera net et précis si le son est bref et se rend à la surface réfléchissante sans être

   déformé en chemin.

2. Quelles caractéristiques l'obstacle doit-il avoir pour qu'il y ait écho ?

   Il faut que l'obstacle soit suffisamment imposant et qu'il soit à une distance supérieure

   à 17 mètres.

3. Pourrais-tu entendre l'écho ailleurs que dans un environnement montagneux ?
   Tu peux faire une petite recherche.

   Oui, je pourrais l'entendre dans un endroit clos et vide. (Toute réponse qui cadre avec cet

   argument est valable.)

Pourquoi les animaux ne parlent-ils pas ?

1. Que manque-t-il aux animaux pour parler (donne deux éléments) ?

L'usage de la parole, l'intelligence humaine (neurones en nombre suffisant).

2. Que peuvent signifier les cris d'un animal ?

Une plainte, de la joie, la présence d'un danger, la découverte de nourriture.

3. Que peut-on dire au sujet du perroquet ? Tu peux faire une recherche.

Grâce à ses huit cordes vocales et à sa langue molle et épaisse, il peut articuler des sons

et répéter des mots.

1. Quelle différence y a-t-il entre les oreilles humaines et les oreilles animales ?

   Le pavillon de l'oreille de nombreux animaux est très mobile tandis qu'il ne l'est pas chez

   l'homme.

2. Qu'ont de particulier les oreilles du kangourou ?

   Le kangourou peut parvenir à bouger une seule oreille à la fois.

1. Nomme les trois choses que le coq veut dire quand il chante.

   Qu'il est le maître du territoire, qu'il signifie à ses rivaux qu'ils ont intérêt à se tenir loin de

   ses poules et qu'il est prêt à prendre soin des poules de la basse-cour.

2. Lorsqu'il y a plusieurs coqs dans la basse-cour, lequel devient le maître du territoire? Et comment?

   Celui qui a démontré qu'il est le plus fort de la basse-cour. Les coqs se battent entre eux,

   et c'est le plus puissant qui devient maître du territoire.

Nom : _____   Date : _____

Grille d'autorégulation

Titre du module de réinvestissement : _____

Nom de l'activité : _____

J'ai fait l'activité : **/** seul   **//** avec un petit coup de pouce

/// avec un gros coup de main   **////** difficultés même avec de l'aide

Ce que j'ai bien réussi : _____

Pourquoi ? _____

_____

Ce que j'ai aimé : _____

Pourquoi ? _____

_____

Ce que j'ai trouvé difficile : _____

Pourquoi ? _____

_____

Les stratégies (trucs) qui m'ont aidée ou aidé à faire l'activité : _____

_____

Ce que j'ai appris en faisant ce travail : _____

_____

Je pourrai me servir de ce que je viens d'apprendre quand...

_____

_____

Mon prochain défi : _____

_____

Mes commentaires : _____

_____

_____

_____

Notes de l'enseignante : _____

_____

_____

_____

2. Une enquête pas bidon

Concours de recherche

Les orientations

Le présent module d'apprentissage permet aux élèves d'élargir leur culture générale, de stimuler leur curiosité et d'examiner diverses problématiques.

Cette activité, «Concours de recherche», fournit aux élèves l'occasion de s'interroger sur des troubles de l'apprentissage, notamment la dyslexie et la dysorthographie. Elle permet également de démontrer que l'on peut réussir dans la vie malgré un parcours scolaire différent et pas nécessairement facile.

Procédures et suggestions

- Lancer le concours de recherche apparaissant aux pages 352 à 357 en précisant la date de remise des travaux. Les élèves répondent à ce jeu-questionnaire en vue d'amorcer des recherches biographiques.

- Attribuer à chacune des équipes de travail les noms des personnalités qui feront l'objet d'une recherche plus approfondie. Répartir les 38 noms de ces personnalités parmi les équipes de deux élèves (dyades) d'une classe.

- Permettre à ces élèves d'entreprendre une recherche biographique des personnages choisis. Nous tenons à spécifier que huit des textes sont disponibles aux pages 358 à 373 pour soutenir les élèves possédant moins d'habiletés ou moins de moyens pour initier cette recherche.

- Inviter les élèves à vérifier l'état actuel de leurs connaissances en répondant aux devinettes de la page 368.

- Amener les élèves à découvrir les caractéristiques communes des personnalités choisies : leurs difficultés d'apprentissage sur le plan de la lecture ou de l'écriture.

- Présenter aux élèves le texte sur la dyslexie, *La dyslexie… c'est quoi?*, aux pages 375-376.

- Discuter des différences entre les élèves et de l'acceptation de ces différences. Se servir de cette occasion pour encourager à s'exprimer les élèves éprouvant des difficultés d'apprentissage et vivant souvent un parcours un peu plus compliqué.

Variante

Ce concours de recherche pourrait également être proposé à l'ensemble des cycles de l'établissement scolaire.

Nom : _____   Date : _____

Concours de recherche

Ce concours s'adresse à tous les élèves. Vous avez jusqu'au _____ pour répondre au questionnaire. Vous obtiendrez éventuellement les réponses complètes et serez surpris de vos découvertes.

« Êtes-vous prêtes et prêts à relever le défi ? »

Oui ? Alors votre travail consiste à mener une enquête auprès des gens de votre entourage pour remplir la grille suivante. Vous pouvez aussi consulter des ressources documentaires (ex. : livres de référence, Internet, etc.).

Nom de la personnalité	Pourquoi connaît-on cette personne ?	1[1]	2[2]	A-t-elle quelque chose en commun avec les autres personnalités ? Si oui, quoi ?
Steven Spielberg	_____ _____ _____			_____ _____ _____
Richard Strauss	_____ _____ _____			_____ _____ _____
Dustin Hoffman	_____ _____ _____			_____ _____ _____
Harry Belafonte	_____ _____ _____			_____ _____ _____
Henry Ford	_____ _____ _____			_____ _____ _____

1. J'ai trouvé la réponse par moi-même.
2. J'ai trouvé la réponse avec l'aide de...

Concours de recherche (suite)

Nom de la personnalité	Pourquoi connaît-on cette personne?	1[1]	2[2]	A-t-elle quelque chose en commun avec les autres personnalités? Si oui, quoi?
Janette Bertrand	_____ _____ _____			_____ _____ _____
Magic Johnson	_____ _____ _____			_____ _____ _____
Baruj Benacerraf	_____ _____ _____			_____ _____ _____
Carl Lewis	_____ _____ _____			_____ _____ _____
Winston Churchill	_____ _____ _____			_____ _____ _____
Edgar Allen Poe	_____ _____ _____			_____ _____ _____
Jules Verne	_____ _____ _____			_____ _____ _____

1. J'ai trouvé la réponse par moi-même.
2. J'ai trouvé la réponse avec l'aide de...

Nom : _____   Date : _____

Concours de recherche (suite)

Nom de la personnalité	Pourquoi connaît-on cette personne?	1[1]	2[2]	A-t-elle quelque chose en commun avec les autres personnalités? Si oui, quoi?
George Patton	_____ _____ _____			_____ _____ _____
Robin Williams	_____ _____ _____			_____ _____ _____
Léonard de Vinci	_____ _____ _____			_____ _____ _____
Ludwig van Beethoven	_____ _____ _____			_____ _____ _____
William Hewlett	_____ _____ _____			_____ _____ _____
Albert Einstein	_____ _____ _____			_____ _____ _____
Les frères Wright	_____ _____ _____			_____ _____ _____

1. J'ai trouvé la réponse par moi-même.
2. J'ai trouvé la réponse avec l'aide de...

Concours de recherche (suite)

Nom de la personnalité	Pourquoi connaît-on cette personne ?	1[1]	2[2]	A-t-elle quelque chose en commun avec les autres personnalités ? Si oui, quoi ?
Cher	_____ _____ _____			_____ _____ _____
Sylvester Stallone	_____ _____ _____			_____ _____ _____
Louis Pasteur	_____ _____ _____			_____ _____ _____
Galilée	_____ _____ _____			_____ _____ _____
Anthony Hopkins	_____ _____ _____			_____ _____ _____
Greg Louganis	_____ _____ _____			_____ _____ _____
Agatha Christie	_____ _____ _____			_____ _____ _____

1. J'ai trouvé la réponse par moi-même.
2. J'ai trouvé la réponse avec l'aide de...

Concours de recherche (suite)

Nom de la personnalité	Pourquoi connaît-on cette personne ?	1[1]	2[2]	A-t-elle quelque chose en commun avec les autres personnalités ? Si oui, quoi ?
F. Scott Fitzgerald	_____ _____ _____			_____ _____ _____
John Davison Rockefeller	_____ _____ _____			_____ _____ _____
Robert Kennedy	_____ _____ _____			_____ _____ _____
Dwight D. Eisenhower	_____ _____ _____			_____ _____ _____
Auguste Rodin	_____ _____ _____			_____ _____ _____
Walt Disney	_____ _____ _____			_____ _____ _____
John Lennon	_____ _____ _____			_____ _____ _____

1. J'ai trouvé la réponse par moi-même.
2. J'ai trouvé la réponse avec l'aide de...

Concours de recherche (suite)

Nom de la personnalité	Pourquoi connaît-on cette personne ?	1[1]	2[2]	A-t-elle quelque chose en commun avec les autres personnalités ? Si oui, quoi ?
Wolfgang Amadeus Mozart	_____ _____ _____			_____ _____ _____
Alexander Graham Bell	_____ _____ _____			_____ _____ _____
Le prince Charles	_____ _____ _____			_____ _____ _____
Thomas Edison	_____ _____ _____			_____ _____ _____
Jackie Stewart	_____ _____ _____			_____ _____ _____

1. J'ai trouvé la réponse par moi-même.
2. J'ai trouvé la réponse avec l'aide de...

Albert Einstein

Albert Einstein est né le 14 mars 1879 dans la ville d'Ulm, en Allemagne, d'une famille juive peu pratiquante. On dit que le petit Albert est un enfant très solitaire. À l'école, il apparaît aux yeux de ses professeurs comme un élève lent et pas extrêmement doué. Il éprouve des difficultés à lire et à écrire.

Au début de l'année 1895, Albert Einstein a 16 ans. Il se sent étouffé par l'encadrement très rigide qui prévaut dans les lycées qu'il fréquente et par l'attitude de certains de ses professeurs. Il décide d'aller retrouver ses parents qui se sont installés en Italie. Il est admis, l'année suivante, à l'École polytechnique fédérale de Zurich, en Suisse. Il y rencontre Mileva Maric, étudiante en mathématiques et en physique, qu'il épouse en 1903, après avoir obtenu un poste d'expert auprès de l'Office fédéral des brevets à Berne, en Suisse. À la fin de ses journées de travail, Albert Einstein réfléchit à des problèmes de physique qui le captivent.

Au début du xxᵉ siècle, la physique connaît une période trouble où des théories s'affrontent. Einstein rédige et fait publier plusieurs mémoires scientifiques dont deux seront proprement révolutionnaires.

Le premier, publié en mars 1905, concerne l'énergie lumineuse. Il prétend que la lumière n'est ni continue ni discontinue mais les deux à la fois. Son hypothèse s'avère exacte et suscite alors beaucoup d'intérêt. Le deuxième mémoire traite de la théorie de la relativité restreinte qui explique de nombreux phénomènes anatomiques et astronomiques. En septembre 1905, Einstein met au point la célèbre formule $E = mc^2$ (l'énergie est égale au produit de la masse par le carré de la vitesse de la lumière).

En 1909, Einstein obtient un poste à l'université de Zurich, puis en 1911, à l'université de Prague en Tchécoslovaquie. Cette période est riche en changements puisqu'il revient à Zurich en 1912 pour enseigner à l'École polytechnique où il avait été élève des années auparavant. Durant toutes ces années, il perfectionne sa théorie de la relativité générale qu'il publie finalement en 1916 sous les applaudissements des médias.

Cette popularité lui permet de s'adonner à nouveau à ses activités politiques et l'aide à parler abondamment de son idéal de paix. Il défend avec grande conviction la cause du peuple juif et fait valoir l'importance de construire une université en Palestine. La tournée qu'il fait aux États-Unis en 1921, après avoir obtenu le prix Nobel de physique pour son étude de l'effet photoélectrique, lui procure les sommes nécessaires pour concrétiser ce projet.

Mais tous ne partagent pas l'opinion d'Einstein. Quand il revient d'un voyage aux États-Unis en 1933, Hitler a pris le pouvoir en Allemagne. Einstein doit quitter son pays natal, émigrant d'abord à Paris, puis en Belgique, avant de s'installer à Princeton aux États-Unis. Il devient citoyen américain en 1940 mais poursuit ses activités politiques. Il réussit à convaincre le président américain Franklin Roosevelt de développer le programme de la bombe atomique avant que les Allemands n'y arrivent. Il regrette cependant d'avoir travaillé à développer cet engin de destruction massive et il en restera amèrement déçu jusqu'à la fin de sa vie.

Les découvertes et les recherches d'Einstein ne sont pas approuvées par tous les physiciens de l'époque. Einstein meurt à Princeton en 1955. Dans la mémoire des gens, il demeure un physicien de génie du fait de toutes les répercussions de ses découvertes. Il a aussi été un très grand pacifiste qui a marqué le monde.

Jackie Stewart

Jackie Stewart est né en Écosse, dans la ville de Dumbarton, le 11 juin 1939. Dès son plus jeune âge, il manifeste un intérêt marqué pour les voitures de sport (son père est un concessionnaire Jaguar) d'autant plus que ses difficultés d'apprentissage ne lui font pas trop aimer l'école.

À 25 ans, il débute sa carrière de coureur automobile chez Tyrell, en Formule 3. Cette année-là, en 1964, il remporte 11 victoires en 13 courses. Un succès aussi éclatant lui vaut un engagement en Formule 1 chez BRM. Il fait partie d'une écurie qui développe des châssis et des moteurs de conception précise et performante. Jackie Stewart fréquente l'expert Graham Hill, lequel lui prodigue des conseils fort judicieux.

C'est à Monza, en Italie, qu'il court contre les trois champions du monde : Graham Hill, Jimmy Clark et John Surtees. Après une bataille inoubliable, il devance tous ses concurrents en maintenant une avance de trois secondes sur son principal rival. Ce sera une première saison éblouissante pour Jackie : une victoire, cinq podiums et la troisième place au championnat du monde.

L'année 1966 est très particulière pour lui. Elle débute par sa première victoire sur le circuit de Monaco. Il a la chance de se sortir d'une course qui aura été catastrophique pour la majorité des coureurs. Seuls quatre pilotes sont parvenus à parcourir 90% du circuit : les moteurs ont été poussés au maximum. Pour le deuxième Grand Prix en Belgique, la chance abandonne Jackie Stewart dès le premier tour de circuit. Il effectue une sortie de route tout comme sept autres pilotes qui sont noyés sous la pluie. Lors de cet accident, il se fracture l'omoplate et une côte, ce qui l'empêchera de participer au Grand Prix de France.

De 1967 à 1971, les victoires alternent avec les défaites en raison d'ennuis mécaniques. En 1971, il participe à la course du Grand Prix du Canada où il est déclaré, pour la deuxième fois, champion du monde. En 1973, sur le circuit des Pays-Bas, il connaît sa vingt-sixième victoire. Toutefois, le décès subit de François Cevert, son jeune coéquipier de 25 ans, pendant les essais de qualification à Watkins Glen qui précèdent le Grand Prix des États-Unis, amène Stewart à renoncer à jamais à la course automobile. Il décide de ne pas prendre le départ de ce qui aurait été le centième Grand Prix de son exceptionnelle carrière.

Les frères Wright

La passion initiale des frères Wright est la fabrication de bicyclettes. Ils possèdent d'ailleurs un magasin à Dayton, une ville de l'Ohio, aux États-Unis. Mais c'est à l'aéronautique, c'est-à-dire aux moyens de transport aérien, qu'ils vont consacrer tous leurs efforts. Ils bénéficient pour ce faire des travaux de recherche de l'ingénieur allemand Otto Lilienthal et de l'ingénieur américain d'origine française Octave Chanute, qui deviendra d'ailleurs leur principal conseiller.

Les frères Wright décident de bâtir une soufflerie pour étudier en profondeur le profilage des ailes d'un avion. Ils procèdent ensuite à de multiples essais avec des planeurs de leur invention. Ces expérimentations les amènent à mettre au point un dispositif ingénieux leur permettant d'effectuer des virages avec leur appareil : les ailerons.

Le premier avion des frères Wright se nomme le *Wright Flyer*. Il s'agit d'un biplan doté de deux hélices et d'un moteur à explosion. C'est avec cet appareil qu'Orville Wright effectue le tout premier vol de l'histoire à bord d'un appareil autopropulsé. L'exploit se passe le 17 décembre 1903, sur la plage de Kitty Hawk, en Caroline du Nord… dans l'indifférence générale. Ils ont choisi cet endroit parce que le vent y est très favorable pour faire voler leur aéronef et que le sol sablonneux facilite les atterrissages en douceur. Le tout premier vol ne dure que 12 secondes.

En 1907, Wilbur Wright décide de partir en France où il crée une école de pilotage. Pendant ce temps, son frère Orville fonde l'usine Wright de construction aéronautique.

Les frères Wright réalisent plusieurs vols tant en Amérique qu'en Europe (en France, en Italie et en Allemagne) et acquièrent une réputation internationale dans le domaine de l'aviation.

Leur succès dans le domaine de l'aviation fait contrepoids à leur parcours difficile à l'école. En effet, les frères Wright éprouvent de sérieuses difficultés en lecture et en écriture, mais cela ne les a pas empêchés de se transporter dans les airs!

Savais-tu que, le 17 décembre 2003, on avait célébré les 100 ans de l'aviation en reproduisant le modèle de l'avion utilisé par Orville Wright? Ceux qui ont essayé de le faire voler n'ont malheureusement pas connu beaucoup de succès...

Thomas Edison

Né le matin du 11 février 1847 à Milan, dans l'Ohio, aux États-Unis, Thomas Alva Edison comble de joie ses parents. Ceux-ci souhaitent ardemment sa venue au monde car ils ont déjà perdu trois de leurs six enfants. Dès son plus jeune âge, on remarque sa curiosité car il pose constamment des questions.

Thomas Edison entre à l'école à l'âge de huit ans mais il n'y demeure que trois mois. Il éprouve des difficultés d'apprentissage en lecture et s'absente souvent de l'école. Ses enseignants le considèrent comme un élève peu motivé. Sa mère décide alors de prendre en charge son éducation. Il découvre la science par hasard, au fil de ses lectures d'enfance, et installe un laboratoire chez lui. Quand sa mère ne parvient plus à supporter l'odeur des produits chimiques, Edison se cherche un emploi...

Il commence à travailler à l'âge de 12 ans : il vend des journaux et des friandises à la gare. Il a 15 ans quand un événement transforme sa vie. Il sauve la vie du fils d'un employé de la gare qui allait se faire écraser par un train. M. Mackenzie, le père du garçon, propose à Edison de lui apprendre la télégraphie en guise de remerciement.

Après cinq mois, il en sait beaucoup et trouve un travail d'opérateur de télégraphe dans une gare de la province de l'Ontario, au Canada.

C'est là qu'il met au point sa première invention : un télégraphe duplex qui lui permet de transmettre automatiquement les messages sur une autre ligne sans l'aide d'un opérateur.

Edison, qui est ambitieux et intelligent, s'impose à 20 ans comme inventeur. Il peut créer son propre laboratoire grâce au produit de la vente d'appareils de télégraphie. C'est à lui qu'on doit la transmission simultanée de plusieurs dépêches sur une même ligne. On lui attribue aussi l'invention du microphone à cartouche de carbone et du phonographe.

En 1879, il connaît la célébrité avec l'invention de l'ampoule électrique à incandescence. Il parvient à produire un éclairage durable en faisant passer du courant à travers un filament de carbone, dans une ampoule sous vide. La première ampoule a une durée de vie de 40 heures. C'est un événement considérable pour l'époque !

Tout au long de sa vie, Edison commercialise ses inventions par l'intermédiaire de ses propres compagnies. En 1887, il installe son laboratoire à West Orange, dans le New Jersey. Dès 1892, les compagnies d'Edison fusionnent pour ne former qu'une seule firme du nom de « General Electric ». Aujourd'hui encore, elle est considérée comme l'une des plus grandes entreprises du monde.

Edison invente le kinétoscope, en 1888, la première machine à produire des images animées par succession rapide de photographies prises à très courts intervalles. La pellicule du kinétoscope défile à 48 images par seconde. Le film défile en boucle et se répète indéfiniment. Pour le visionnement, le spectateur se place debout et se penche au-dessus de l'appareil pour le regarder à travers l'ouverture. La première présentation officielle du kinétoscope a lieu à New York le 9 mai 1893. D'autres salons de kinétoscope seront ensuite inaugurés dans la ville. Cette tradition se répand dans d'autres villes américaines et bientôt, en Europe.

Edison améliore et perfectionne le phonographe (système à disque et à diamant). Cet appareil lui permet, en 1913, de réaliser le premier film sonore. Edison accumule 1 093 brevets pour autant de créations. Il meurt à l'âge de 84 ans dans la ville de West Orange, aux États-Unis, le 18 octobre 1931. C'était le jour anniversaire de l'invention de l'ampoule électrique. Il aura été un travailleur infatigable toute sa vie.

Walt Disney

Nous connaissons Walt Disney parce qu'il est le fondateur des immenses studios de cinéma et des parcs d'attractions qui portent son nom. Il y a beaucoup à dire sur ce génie créateur.

Disney est né à Chicago le 5 décembre 1901. Son père est d'origine canado-irlandaise, sa mère de descendance germano-américaine. Il a quatre frères et une sœur.

Walt Disney grandit dans une ferme près de la ville de Marceline, dans l'État du Missouri. À sept ans, il vend ses esquisses à ses voisins. À l'école secondaire, il s'intéresse autant au dessin qu'à la photographie. À 16 ans, Disney entre au service de la Croix-Rouge et passe une année à conduire une ambulance et à transporter les officiels de l'organisation en France et en Allemagne. Son véhicule est recouvert de bandes dessinées et de dessins.

Au terme de la Première Guerre mondiale, Disney revient à Kansas City où il amorce une carrière de dessinateur publicitaire et bédéiste. En 1920, il crée et met sur le marché ses premiers dessins animés. Plus tard, il perfectionne un nouveau procédé d'animation.

En août 1923, il quitte Kansas City pour Hollywood avec 40 dollars en poche, un petit film d'animation et quelques crayons à dessin. Le frère de Walt, Roy, vit déjà en Californie mais n'a pas réussi financièrement. Ensemble, ils empruntent 500 dollars et créent une entreprise de production dans le garage de leur oncle. En 1925, Disney épouse l'une de ses employées avec laquelle il a le bonheur d'avoir deux filles.

Walt Disney, créateur de la souris Mickey Mouse en 1928, est un homme qui aime prendre des risques. Il rêve de créer un studio d'animation indépendant. De 1937, année où paraît *Blanche-Neige et les sept nains* (*Snow White and the Seven Dwarves*) jusqu'à l'année de sa mort, en 1966, Walt Disney va produire une série de longs métrages d'animation qui se distinguent encore aujourd'hui par leur créativité, leur beauté et leur naïveté. Ce sont pratiquement tous des classiques et, bien qu'ils aient eu des réalisateurs différents, ils sont fortement empreints du style personnel de Walt Disney. *Le Livre de la jungle* (*The Jungle Book*), présenté en 1967, est le dernier film produit sous la direction de Walt Disney.

La mort de Disney est un événement d'importance tant pour les studios de création que pour la qualité des films d'animation. En effet, après le décès de Disney, les films des studios de cette période traduisent une atmosphère plus triste et plus sombre. Plusieurs des scénarios se déroulent en milieu urbain et présentent des personnages humains plutôt désagréables. Il y a tout de même quelques films intéressants tel *Les aventures de Bernard et Bianca* (*The Rescuers*).

En 1984, les studios Disney sont l'objet d'une réorganisation majeure. Michael Eisner, l'ancien président de la firme Paramount, prend en charge la production des films d'animation des studios. En collaboration avec des collègues provenant d'autres compagnies, Eisner redonne vie aux célèbres studios d'animation. Il parvient à produire une série de dessins animés porteurs de la magie et de l'esprit des films de Disney. Ils sont considérés comme des œuvres modernes aux plans technique et thématique. Parmi ces productions d'envergure, on peut citer : *La Petite Sirène* ou *The Little Mermaid* (1989), *La Belle et la Bête* ou *Beauty and the Beast* (1991), *Aladin* ou *Aladdin* (1992), *Le Roi Lion* ou *The Lion King* (1994), *Pocahontas* (1995), *Le Bossu de Notre-Dame* ou *The Hunchback of Notre Dame* (1996), *Tarzan* (1999). Toutes ces productions se sont révélées de grands succès commerciaux.

Les studios Disney se trouvent devant une situation tout à fait nouvelle. Depuis quelques années, le cinéma d'animation n'est plus la spécialité et le monopole des studios Disney. Des concurrents sérieux produisent des films d'animation de renommée : notamment les studios Dreamworks et SKG.

La maison Disney doit donc innover pour affronter cette nouvelle concurrence. À cet effet, les experts affirment que *Fantasia 2000* (2000) et *Dinosaur* (2000) s'inscrivent dans une toute nouvelle tradition. Au fil des ans, depuis la mort de Disney, les productions n'ont pas toutes connu le succès retentissant du temps où il était aux commandes des studios.

Malgré ses difficultés scolaires, notamment au plan de l'écriture, Disney a acquis une renommée internationale et a été un créateur extraordinaire. Tout au long de sa vie, Disney et ses collaborateurs ont reçu 950 mentions honorifiques provenant de plusieurs pays.

Agatha Christie

Agatha Christie, la célèbre écrivaine, connue pour ses romans policiers, a publié plus de 80 ouvrages, lesquels furent traduits dans plus de 100 langues. Elle est également l'auteure de plus d'une centaine de nouvelles. Elle a aussi créé des pièces de théâtre. Agatha Christie est née le 15 septembre 1890 à Torquay, en Angleterre. Elle est la fille de Clarissa Miller et de Frederick Alvah Miller, un Américain. Ce dernier meurt alors qu'elle est encore enfant. À 16 ans, elle fréquente une école de Paris. Elle y étudie notamment le chant et le piano. Elle est une pianiste accomplie mais sa timidité et la peur de la scène l'empêchent de poursuivre une carrière de professionnelle.

Petite fille, elle éprouve des difficultés en écriture. Elle est la cadette de trois enfants et étudie à la maison en raison de sa lenteur à apprendre, lui dit-on. Sa mère ne cesse de l'encourager à écrire en dépit de ses difficultés. À l'école secondaire, on dit de ses compositions qu'elles débordent trop d'imagination. Elle est incapable d'épeler les mots. Agatha Christie ne réussit pas tout au premier essai. Elle a dû réécrire son premier roman. Elle a aussi vécu de grandes difficultés lors d'un premier mariage, lequel s'est terminé dans une grande tristesse. Mariée d'abord à un colonel de l'aviation du nom d'Archibald Christie en 1914, elle donne naissance à une fille appelée Rosalind. Elle divorce en 1928.

Son expérience de travail dans un hôpital de la Croix-Rouge à titre d'infirmière, alors qu'elle est jeune adulte, va beaucoup lui servir, notamment dans certaines descriptions se retrouvant dans ses romans. C'est d'ailleurs à cette époque, durant la Première Guerre mondiale (1914-1918), qu'elle perfectionne sa connaissance des divers poisons. On remarque d'ailleurs, à la lecture de ses multiples écrits, qu'Agatha Christie utilise fréquemment des poisons pour éliminer ses personnages. En effet, elle connaît peu de choses aux armes et éprouve de la répulsion face au sang.

En 1928, à 38 ans, cette dame prend l'Orient-Express. Ce train réputé a transporté des princes, des célébrités et même des espions à travers l'Europe. Agatha Christie se rend à Ur, la cité sumérienne. Des archéologues y ont découvert le tombeau d'anciens rois sumériens, ce qui fascine l'écrivaine en raison de sa passion pour l'histoire de l'écriture, de ses symboles et de son évolution. C'est dans ce train qu'elle rencontre Max Mallowan, passionné comme elle d'archéologie. En plus de cet intérêt commun, ils adorent voyager. Ils se marieront peu de temps après.

Au cours des années qui suivent, ils entreprennent de nombreux voyages et connaissent énormément de succès. Ils reçoivent tous deux de nombreuses mentions honorifiques. Cette romancière a créé de multiples personnages, notamment Miss Marple, la vieille fille, et le fameux détective Hercule Poirot. Ce personnage d'origine belge se distingue par sa moustache particulière, son visage ovoïde et son côté un peu prétentieux. Plusieurs de ses écrits seront portés à l'écran dont *Le Crime de l'Orient-Express* (*Murder on the Orient Express*) en 1974.

Agatha Christie meurt le 12 janvier 1976 à Wallingford après une étonnante carrière d'écrivaine.

John Lennon

John Lennon naît en 1940 dans un hôpital de Liverpool, en Angleterre.

Ses parents sont Julia et Freddie Lennon. Le père de John travaille comme matelot et s'absente régulièrement. Entre 1942 et 1944, John vit chez sa tante Mimi et son oncle Georges, même s'il voit sa mère fréquemment. À partir de l'âge de six ans, son père disparaît de sa vie. Il reprendra cependant contact avec lui à l'âge de 20 ans. On dit de John qu'il est un enfant rebelle. Il aime peu l'école. Il adore la lecture mais ne parvient pas à épeler les mots les plus simples. Il inverse les lettres et écrit un mot pour un autre qui a des sons voisins. John a aussi une très mauvaise vue mais il refuse de porter des lunettes.

Dès 1955, la maman de John lui rend visite plus régulièrement et développe avec lui un lien plus solide. Elle lui enseigne le banjo, ce qui lui donne le goût d'apprendre à jouer de la guitare. En juillet 1958, elle est renversée par un homme en état d'ébriété au volant de son véhicule. John sera hanté toute sa vie par la mort tragique de sa mère. La musique et l'alcool deviennent, pour lui, deux moyens de se consoler de cette écrasante peine.

John continue de vivre avec sa tante Mimi tout en créant de petits groupes de musiciens. Le dernier groupe fondé avec Paul McCartney va devenir très célèbre sous le nom des Beatles. C'est aussi à cette époque que John se marie avec l'une de ses camarades de classe, Cynthia Powell, avec laquelle il aura un fils prénommé Julian.

Les Beatles, qui se produisent d'abord dans les bars en Angleterre puis en Allemagne, vont connaître un succès foudroyant. Le groupe enregistre des morceaux qui deviennent pratiquement tous de grands succès. Lennon et McCartney y apportent tous deux une énergie créatrice exceptionnelle. Devenus très populaires en Angleterre et en Amérique, les Beatles se lancent dans des tournées internationales.

John commet bientôt une bévue : il déclare, dans une entrevue, que les Beatles sont « plus populaires que Jésus », provoquant ainsi l'indignation des Américains. Certains vont jusqu'à brûler les albums du groupe. Le mécontentement est tel que Lennon doit s'excuser publiquement.

En 1966, John rencontre Yoko Ono, une artiste peintre japonaise d'avant-garde, qui deviendra sa seconde épouse. Les deux artistes s'expriment par des *happenings* en faveur de la paix dans le monde et prennent position contre la guerre du Viêtnam.

En 1970, le groupe des Beatles se sépare après l'enregistrement d'un dernier album : *Abbey Road.* La tension entre John et Paul est devenue insupportable. En 1971, Lennon crée la chanson *Imagine,* laquelle est encore fort appréciée de nos jours dans le monde entier. En 1975, John et Yoko deviennent parents d'un fils, Sean.

En 1980, Lennon publie un album qui annonce son retour dans le monde de la musique : *Double Fantasy.* Le 8 décembre de la même année, il est assassiné par un de ses fans dans l'entrée de son immeuble à New York sous les yeux de Yoko. Il meurt avant son arrivée à l'hôpital. Le décès de Lennon suscite de nombreuses réactions et beaucoup d'émotion dans le monde.

Chanteuse et artiste connue internationalement depuis près de quatre décennies, Cher, de son vrai nom Cherilyn Sarkisian, est née le 20 mai 1946 à El Centro, en Californie. C'est par la chanson qu'elle se fait connaître en tant que membre du duo Sonny & Cher. Elle est une véritable artiste touche-à-tout: musique pop, cinéma, théâtre, télévision et spectacles sur les scènes du monde entier.

Cher est née dans une famille pauvre. Elle n'a pas eu la chance de connaître son père. Quant à sa mère, elle est une chanteuse et artiste n'ayant jamais connu le succès qui s'est mariée à huit reprises.

À 16 ans, Cher quitte l'école en raison de difficultés d'apprentissage. Elle décide de suivre des cours pour devenir actrice à Los Angeles. À

17 ans, elle rencontre l'homme qui va devenir son mari ainsi que son compagnon sur scène et à la télévision, Sonny.

À cette époque (1963-1964), Sonny Bono connaît déjà un certain succès à la télévision. Cher, pour sa part, est remarquée par ses tenues vestimentaires extravagantes et avant-gardistes.

Les spectateurs apprécient beaucoup l'excentricité du couple : pantalons très colorés, vêtements de fourrure, cheveux ébouriffés... Cher et Sonny connaissent de grands succès avec notamment le tube *I've Got You Babe*. Leur fille Chastity voit le jour en 1969. Mais Cher éprouve, avec les années, un sentiment profond d'insatisfaction. Elle met fin en 1974 à son association avec Sonny, tant dans le domaine artistique que conjugal. Elle aura par la suite l'occasion de se remarier mais connaîtra plusieurs déceptions sentimentales.

Tout comme sa mère, Chastity éprouve des difficultés à lire et à écrire. Même l'orthographe des mots représente un défi de taille pour elle.

Cher traverse des périodes difficiles tout au long de sa carrière. Toutefois, elle démontre une étonnante capacité de retomber chaque fois sur ses pieds. Ainsi, en 1987, au sommet de sa gloire, elle joue dans trois films : *Les Sorcières d'Eastwick*, *Suspect* et *Éclair de lune* (*Moonstruck*) pour lequel elle gagne un oscar.

Quand elle apprend la nouvelle du décès de son ancien mari, Sonny Bono, en 1998, elle est à Londres. Elle s'empresse de revenir aux États-Unis pour assister à ses funérailles. Elle est écrasée de chagrin. En 1999, son album *Believe* se classe au premier rang du palmarès américain pendant quatre semaines consécutives. Cher, qui est alors âgée de 53 ans, est considérée comme l'artiste féminine la plus âgée s'étant maintenue aussi longtemps dans les premières places du palmarès.

Que dire aujourd'hui de Cher ? Une chanteuse ayant dominé les palmarès, une vedette de la télévision, la récipiendaire d'un oscar, une diva de la musique disco, une figure emblématique de la mode... En dépit de ses origines modestes et des difficultés pendant son parcours scolaire, en dépit aussi d'une certaine fragilité, Cher est parvenue à accomplir ses rêves et à faire taire les critiques et prophètes de malheur qui, plus d'une fois, lui avaient prédit un avenir bien différent.

Nom : _____   Date : _____

1. Je suis né en Angleterre.
    J'ai eu des difficultés en lecture et en écriture.
    J'ai eu une enfance difficile.
    J'ai eu une mort tragique.
    Je suis un auteur-compositeur.

    Qui suis-je ? _____

2. J'ai vu le jour en Angleterre.
    J'ai eu de grandes difficultés en écriture.
    J'ai étudié le chant et le piano.
    J'ai travaillé dans un hôpital de la Croix-Rouge à l'époque de la Première
    Guerre mondiale.
    J'ai créé le personnage d'Hercule Poirot.

    Qui suis-je ? _____

3. J'ai vu le jour en Amérique du Nord.
    J'ai grandi dans une ferme.
    J'adorais le dessin et je faisais beaucoup d'esquisses.
    Un immense parc d'attractions très célèbre en Floride porte mon nom.
    Le titre du dernier long métrage auquel j'ai participé est *Le Livre de la jungle*.

    Qui suis-je ? _____

4. Je suis né en Amérique du Nord.
    Mes enseignants me considéraient comme un élève peu motivé.
    J'ai mis au point ma première invention au Canada.
    Je suis le fondateur de la compagnie General Electric.
    Je suis une célébrité «lumineuse».

    Qui suis-je ? _____

5. Je suis né en Amérique du Nord.
    J'ai connu de grandes difficultés scolaires.
    J'ai travaillé à la fabrication de bicyclettes.
    J'ai inventé un système permettant à un appareil d'effectuer des virages.
    Mon frère Wilbur m'a énormément aidé.
    Mon premier exploit a duré 12 secondes.

    Qui suis-je ? _____

6. Je suis né en Europe.
    J'étais un enfant solitaire.
    On pensait que j'étais peu doué à l'école.
    Je me passionnais pour la mathématique et la physique.
    J'ai inventé la formule $E = mc^2$.
    J'ai enseigné à l'université de Zurich, en Suisse.

    Qui suis-je ? _____

La dyslexie... c'est quoi ?

À l'époque des frères Wright, d'Edison et de Walt Disney, la dyslexie était peu connue. Ceux qui avaient des difficultés d'apprentissage de la lecture étaient souvent considérés comme des élèves agités, peu motivés, paresseux, voire même peu intelligents. De nos jours et grâce aux recherches effectuées sur le sujet, nous savons qu'il n'en est rien.

En fait, la dyslexie est un trouble de l'apprentissage de la lecture. Il en résulte des difficultés persistantes en lecture, en écriture et en orthographe. Sans entrer dans des détails qui concernent les professionnels de l'éducation, on peut dire que l'enfant dyslexique décode ou reconnaît très difficilement les mots qu'il lit. Il a de la difficulté à les mémoriser. Il confond les sons ou les lettres qui se ressemblent. Sa lecture est donc très ardue et sa compréhension s'en ressent.

Il est facile d'imaginer qu'une personne qui éprouve de telles difficultés pour apprendre à lire connaîtra les mêmes problèmes pour apprendre à écrire. Réfléchissons aussi au fait que tous les domaines d'apprentissage, à l'école comme dans la vie de tous les jours, demandent énormément d'habiletés en lecture. Par exemple, pour déchiffrer les problèmes de mathématique, le contrat de garantie lors de l'achat d'une motocyclette, une recette, les instructions d'un nouveau jeu, etc., il faut parvenir à comprendre ce qu'on lit.

Il faut savoir que les personnes dyslexiques sont intelligentes, que leur compréhension est tout à fait satisfaisante lorsqu'on leur lit un texte. Il est très frustrant pour elles de posséder d'aussi bonnes capacités d'apprentissage et d'être confrontées, jour après jour, à de telles difficultés sur le plan de la langue écrite.

Les élèves souffrant de dyslexie ont des besoins différents. Ils devront donc apprendre de manière différente. Ils devront redoubler d'efforts pour surmonter leur handicap. Ils auront besoin de beaucoup de compréhension et de toute l'aide possible, tant à l'école qu'à la maison.

As-tu déjà pensé que, au lieu d'être née dyslexique, la même personne aurait pu naître sans jambes, sans bras ? Sa vie aurait aussi été énormément changée. Elle l'aurait vécue d'une manière très différente de la tienne, bien sûr... Te serais-tu moquée ou moqué d'elle parce que dans les sports elle n'aurait pas réussi comme toi ?

As-tu déjà pensé aussi au fait que, heureusement, nous sommes différents les uns des autres... Imagine un peu ta vie, avec 10 000 copies de toi, 2 000 répliques de ta sœur, de ton frère, de tes parents, de ton enseignant, de ton directeur ou de ta directrice...! Si tu hésites encore, demande-leur ce qu'ils penseraient de 100 000 copies de toi... Ouf!!

Maintenant que tu as lu les textes de ce module, fait des recherches et trouvé des explications sur les difficultés particulières qu'éprouvent peut-être certaines ou certains élèves de ton école, tu comprends sans doute que chacun a des efforts à fournir, selon ses capacités. Quelles que soient les difficultés qu'on éprouve, rien ne nous empêche de réussir dans les domaines qui nous tiennent à cœur... Il suffit d'y croire et de se donner le temps et les moyens d'y parvenir!

Bonne chance à toi et à tes amies et amis, dans vos études et votre vie!

Ce concours s'adresse à tous les élèves. Vous avez jusqu'au _____ pour répondre au questionnaire. Vous obtiendrez éventuellement les réponses complètes et serez surpris de vos découvertes.

« Êtes-vous prêtes et prêts à relever le défi ? »

Oui ? Alors votre travail consiste à mener une enquête auprès des gens de votre entourage pour remplir la grille suivante. Vous pouvez aussi consulter des ressources documentaires (ex. : livres de référence, Internet, etc.).

Nom de la personnalité	Pourquoi connaît-on cette personne ?	1[1]	2[2]	A-t-elle quelque chose en commun avec les autres personnalités ? Si oui, quoi ?
Steven Spielberg	Réalisateur américain			Ces diverses personnalités ont en commun d'avoir éprouvé des difficultés liées à
Richard Strauss	Musicien, compositeur allemand			l'apprentissage de la lecture ou de l'écriture. En dépit de leur dyslexie ou de leur
Dustin Hoffman	Acteur américain			dysorthographie, toutes ces personnes ont accompli de grandes choses.
Harry Belafonte	Chanteur américain			
Henry Ford	Constructeur automobile américain			

1. J'ai trouvé la réponse par moi-même.
2. J'ai trouvé la réponse avec l'aide de…

Nom de la personnalité	Pourquoi connaît-on cette personne?	1[1]	2[2]	A-t-elle quelque chose en commun avec les autres personnalités? Si oui, quoi?
Janette Bertrand	Réalisatrice, écrivaine québécoise			
Magic Johnson	Joueur de basket-ball américain			
Baruj Benacerraf	Médecin, pathologiste américain			
Carl Lewis	Champion olympique américain de course à pied			
Winston Churchill	Homme politique et premier ministre britannique			
Edgar Allen Poe	Écrivain américain			
Jules Verne	Écrivain français			

1. J'ai trouvé la réponse par moi-même.
2. J'ai trouvé la réponse avec l'aide de...

Nom de la personnalité	Pourquoi connaît-on cette personne ?	1[1]	2[2]	A-t-elle quelque chose en commun avec les autres personnalités ? Si oui, quoi ?
George Patton	Général américain durant la Seconde Guerre mondiale			
Robin Williams	Acteur américain			
Léonard de Vinci	Peintre, architecte, sculpteur, ingénieur et théoricien italien			
Ludwig van Beethoven	Musicien, compositeur allemand			
William Hewlett	Inventeur américain du générateur basse fréquence et cofondateur de Hewlett-Packard, géant de l'informatique			
Albert Einstein	Physicien allemand			
Les frères Wright	Pionniers américains de l'aviation			

1. J'ai trouvé la réponse par moi-même.
2. J'ai trouvé la réponse avec l'aide de…

Nom de la personnalité	Pourquoi connaît-on cette personne ?	1[1]	2[2]	A-t-elle quelque chose en commun avec les autres personnalités ? Si oui, quoi ?
Cher	Chanteuse américaine			
Sylvester Stallone	Acteur américain			
Louis Pasteur	Chimiste et biologiste français			
Galilée	Physicien et astronome italien			
Anthony Hopkins	Acteur britannique			
Greg Louganis	Champion olympique américain de plongeon			
Agatha Christie	Écrivaine britannique			

1. J'ai trouvé la réponse par moi-même.

2. J'ai trouvé la réponse avec l'aide de...

Nom de la personnalité	Pourquoi connaît-on cette personne ?	1[1]	2[2]	A-t-elle quelque chose en commun avec les autres personnalités ? Si oui, quoi ?
F. Scott Fitzgerald	Écrivain américain			
John Davison Rockefeller	Industriel et financier américain			
Robert Kennedy	Attorney général et ministre de la justice des États-Unis			
Dwight D. Eisenhower	Général, président des États-Unis			
Auguste Rodin	Sculpteur français			
Walt Disney	Réalisateur et producteur américain de dessins animés			
John Lennon	Auteur-compositeur britannique, membre des Beatles			

1. J'ai trouvé la réponse par moi-même.
2. J'ai trouvé la réponse avec l'aide de...

Nom de la personnalité	Pourquoi connaît-on cette personne?	1[1]	2[2]	A-t-elle quelque chose en commun avec les autres personnalités? Si oui, quoi?
Wolfgang Amadeus Mozart	Musicien, compositeur autrichien			
Alexander Graham Bell	Physicien américain, inventeur du téléphone			
Le prince Charles	Prince de Galles et premier aspirant au trône d'Angleterre			
Thomas Edison	Inventeur américain de l'ampoule électrique à incandescence et du phonographe			
Jackie Stewart	Champion britannique de course automobile			

1. J'ai trouvé la réponse par moi-même.
2. J'ai trouvé la réponse avec l'aide de...

1. Je suis né en Angleterre.
   J'ai eu des difficultés en lecture et en écriture.
   J'ai eu une enfance difficile.
   J'ai eu une mort tragique.
   Je suis un auteur-compositeur.

   Qui suis-je ? _John Lennon_

2. J'ai vu le jour en Angleterre.
   J'ai eu de grandes difficultés en écriture.
   J'ai étudié le chant et le piano.
   J'ai travaillé dans un hôpital de la Croix-Rouge à l'époque de la Première Guerre mondiale.
   J'ai créé le personnage d'Hercule Poirot.

   Qui suis-je ? _Agatha Christie_

3. J'ai vu le jour en Amérique du Nord.
   J'ai grandi dans une ferme.
   J'adorais le dessin et je faisais beaucoup d'esquisses.
   Un immense parc d'attractions très célèbre en Floride porte mon nom.
   Le titre du dernier long métrage auquel j'ai participé est _Le Livre de la jungle_.

   Qui suis-je ? _Walt Disney_

4. Je suis né en Amérique du Nord.
   Mes enseignants me considéraient comme un élève peu motivé.
   J'ai mis au point ma première invention au Canada.
   Je suis le fondateur de la compagnie General Electric.
   Je suis une célébrité «lumineuse».

   Qui suis-je ? _Edison_

5. Je suis né en Amérique du Nord.
   J'ai connu de grandes difficultés scolaires.
   J'ai travaillé à la fabrication de bicyclettes.
   J'ai inventé un système permettant à un appareil d'effectuer des virages.
   Mon frère Wilbur m'a énormément aidé.
   Mon premier exploit a duré 12 secondes.

   Qui suis-je ? _Orville Wright_

6. Je suis né en Europe.
   J'étais un enfant solitaire.
   On pensait que j'étais peu doué à l'école.
   Je me passionnais pour la mathématique et la physique.
   J'ai inventé la formule $E = mc^2$.
   J'ai enseigné à l'université de Zurich, en Suisse.

   Qui suis-je ? _Einstein_

Grille d'autorégulation

Titre du module de réinvestissement : _____

Nom de l'activité : _____

J'ai fait l'activité : **/** seul   **//** avec un petit coup de pouce

/// avec un gros coup de main   **////** difficultés même avec de l'aide

Ce que j'ai bien réussi : _____

Pourquoi ? _____

_____

Ce que j'ai aimé : _____

Pourquoi ? _____

_____

Ce que j'ai trouvé difficile : _____

Pourquoi ? _____

_____

Les stratégies (trucs) qui m'ont aidée ou aidé à faire l'activité : _____

_____

Ce que j'ai appris en faisant ce travail : _____

_____

Je pourrai me servir de ce que je viens d'apprendre quand...

_____

_____

Mon prochain défi : _____

_____

Mes commentaires : _____

_____

_____

_____

Notes de l'enseignante : _____

_____

_____

_____

Les processus de lecture et leurs composantes

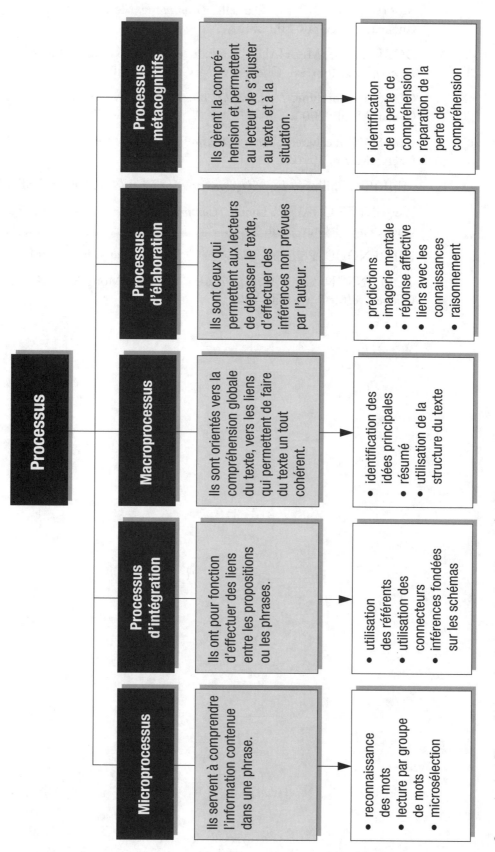

Processus

Microprocessus

Ils servent à comprendre l'information contenue dans une phrase.

- reconnaissance des mots
- lecture par groupe de mots
- microsélection

Processus d'intégration

Ils ont pour fonction d'effectuer des liens entre les propositions ou les phrases.

- utilisation des référents
- utilisation des connecteurs
- inférences fondées sur les schémas

Macroprocessus

Ils sont orientés vers la compréhension globale du texte, vers les liens qui permettent de faire du texte un tout cohérent.

- identification des idées principales
- résumé
- utilisation de la structure du texte

Processus d'élaboration

Ils sont ceux qui permettent aux lecteurs de dépasser le texte, d'effectuer des inférences non prévues par l'auteur.

- prédictions
- imagerie mentale
- réponse affective
- liens avec les connaissances
- raisonnement

Processus métacognitifs

Ils gèrent la compréhension et permettent au lecteur de s'ajuster au texte et à la situation.

- identification de la perte de compréhension
- réparation de la perte de compréhension

Source : Jocelyne Giasson, *La compréhension en lecture*, Gaétan Morin Éditeur, 1990, page 16.

Bibliographie

BERTRAND-POIRIER, Danielle. *Grammaire,* Montréal, Chenelière/McGraw-Hill, 2001.

DORÉ, Louise, MICHAUD, Nathalie et MUKARIGAGI, Liberata. *Le portfolio,* Montréal, Chenelière/McGraw-Hill, 2002.

GIASSON, Jocelyne. *Les textes littéraires à l'école,* Montréal, Gaëtan Morin, 2000.

GIASSON, Jocelyne. *La compréhension en lecture,* Montréal, Gaëtan Morin, 1990.

MEIRIEU, Philippe. *La pédagogie entre le dire et le faire,* Paris, ESF, 1994.

PAQUETTE CHAYER, Lucille. *Compréhension de lecture,* Montréal, Chenelière/McGraw-Hill, 2000.

PERRENOUD, Philippe. *Pédagogie différenciée,* Paris, ESF, 2000.

TOMLINSON, Carol Ann. *La classe différenciée,* Montréal, Chenelière/McGraw-Hill, 2004.

Chenelière/Didactique

- VIDÉOCASSETTE

Profil d'évaluation
Une analyse pour personnaliser votre pratique
Louise M. Bélair
- GUIDE DU FORMATEUR

G GESTION DE CLASSE

À la maternelle… voir GRAND !
Louise Sarrasin, Marie-Christine Poisson

Apprivoiser les différences
Guide sur la différenciation des apprentissages et
la gestion des cycles
Jacqueline Caron

Apprendre… c'est un beau jeu
L'éducation des jeunes enfants dans un centre
préscolaire
M. Baulu-MacWillie, R. Samson

Bien s'entendre pour apprendre
Réduire les conflits et accroître la coopération,
du préscolaire au 3e cycle
*Lee Canter, Katia Petersen, Louise Dore,
Sandra Rosenberg*

Construire une classe axée sur l'enfant
S. Schwartz, M. Pollishuke

Je danse mon enfance
Guide d'activités d'expression corporelle
et de jeux en mouvement
Marie Roy

La classe différenciée
Carol Ann Tomlinson

La multiclasse
Outils, stratégies et pratiques pour la classe multi-
âge et multiprogramme
*Colleen Politano, Anne Davies
Adaptation française : Monique Le Pailleur*

Le conseil de coopération
Un outil pédagogique pour l'organisation de la vie
de classe et la gestion des conflits
Danielle Jasmin

L'enfant-vedette (vidéocassette)
Alan Taylor, Louise Sarrasin

Ma première classe
Stratégies gagnantes pour les nouveaux enseignants
Teresa Langness, Hélène Bombardier, Elourdes Pierre

Pirouettes et compagnie
Jeux d'expression dramatique, d'éveil sonore et de
mouvement pour les enfants de 1 an à 6 ans
Veronicah Larkin, Louie Suthers

Quand les enfants s'en mêlent
Ateliers et scénarios pour une meilleure motivation

Lisette Ouellet

Quand revient septembre…
Jacqueline Caron
- GUIDE SUR LA GESTION DE CLASSE PARTICIPATIVE
  (VOLUME 1)
- RECUEIL D'OUTILS ORGANISATIONNELS (VOLUME 2)

Une enfance pour s'épanouir
Des outils pour le développement global de l'enfant
Sylvie Desrosiers, Sylvie Laurendeau

L LANGUE ET COMMUNICATION

À livres ouverts
Activités de lecture pour les élèves du primaire
Debbie Sturgeon

Attention, j'écoute
Jean Gilliam DeGaetano

Chercher, analyser, évaluer
Activités de recherche méthodologique
Carol Koechlin, Sandi Zwaan

Conscience phonologique
*Marilyn J. Adams, Barbara R. Foorman,
Ingvar Lundberg, Terri Beeler*

De l'image à l'action
Pour développer les habiletés de base nécessaires aux
apprentissages scolaires
Jean Gilliam DeGaetano

Écouter, comprendre et agir
Activités pour développer les habiletés d'écoute,
d'attention et de compréhension verbale
Jean Gilliam DeGaetano

Émergence de l'écrit
Éducation préscolaire et premier cycle du primaire
Andrée Gaudreau

Histoire de lire
La littérature jeunesse dans l'enseignement
quotidien
Danièle Courchesne

L'apprenti lecteur
Activités de conscience phonologique
Brigitte Stanké

L'art de communiquer oralement
Jeux et exercices d'expression orale
Cathy Miyata, Louise Dore, Sandra Rosenberg

L'extrait, outil de découvertes
Le livre au cœur des apprentissages
Hélène Bombardier, Elourdes Pierre

Le français en projets
Activités d'écriture et de communication orale
Line Massé, Nicole Rozon, Gérald Séguin

Le sondage d'observation en lecture-écriture
Mary Clay, Gisèle Bourque, Diana Masny
- Livret LES ROCHES

- Livret SUIS-MOI, MADAME LA LUNE

Le théâtre dans ma classe, c'est possible !
Lise Gascon

Les cercles littéraires
Harvey Daniels, Élaine Turgeon

Lire et écrire à la maison
Programme de littératie familiale favorisant
l'apprentissage de la lecture
Lise Saint-Laurent, Jocelyne Giasson, Michèle Drolet

Lire et écrire en première année...
et pour le reste de sa vie
Yves Nadon

Plaisir d'apprendre
Louise Dore, Nathalie Michaud

Quand lire rime avec plaisir
Pistes pour exploiter la littérature jeunesse en classe
Élaine Turgeon

Question de réflexion
Activités basées sur les 42 concepts langagiers
de Boehm

Une phrase à la fois
Brigitte Stanké, Odile Tardieu

P PARTENARIAT ET LEADERSHIP

Avant et après l'école
Mise sur pied et gestion d'un service de garde en
milieu scolaire
Sue Tarrant, Alison Jones, Diane Berger

Communications et relations entre l'école
et la famille
Georgette Goupil

Devoirs sans larmes
Lee Canter
- GUIDE À L'INTENTION DES PARENTS POUR MOTIVER
  LES ENFANTS À FAIRE LEURS DEVOIRS ET À RÉUSSIR
  À L'ÉCOLE
- GUIDE POUR LES ENSEIGNANTES ET LES ENSEIGNANTS
  DE LA 1re À LA 3e ANNÉE
- GUIDE POUR LES ENSEIGNANTES ET LES ENSEIGNANTS
  DE LA 4e À LA 6e ANNÉE

Enseigner à l'école qualité
William Glasser

Le leadership en éducation
Plusieurs regards, une même passion
Lyse Langlois, Claire Lapointe

Nouveaux paradigmes pour la création
d'écoles qualité
Brad Greene

Pour le meilleur... jamais le pire
Prendre en main son devenir
Francine Bélair

S SCIENCES ET MATHÉMATIQUES

Calcul en tête
Stratégies de calcul mental pour les élèves
de 8 à 12 ans
Jack A. Hope, Barbara J. Reys, Robert J. Reys

Cinq stratégies gagnantes pour l'enseignement
des sciences et de la technologie
Laurier Busque

De l'énergie, j'en mange !
Alimentation à l'adolescence : information
et activités
Carole Lamirande

Question d'expérience
Activités de résolution de problèmes en sciences
et en technologie
David Rowlands

Sciences en ville
J. Bérubé, D. Gaudreau

Supersciences
Susan V. Bosak
- À LA DÉCOUVERTE DES SCIENCES
- L'ENVIRONNEMENT
- LE RÈGNE ANIMAL
- LES APPLICATIONS DE LA SCIENCE
- LES ASTRES
- LES PLANTES
- LES ROCHES
- LE TEMPS
- L'ÊTRE HUMAIN
- MATIÈRE ET ÉNERGIE

CHENELIÈRE
ÉDUCATION

7001, boul. Saint-Laurent, Montréal (Québec) Canada H2S 3E3
Tél. : (514) 273-1066 ■ Téléc. : (514) 276-0324 ou 1 800 814-0324
Service à la clientèle : (514) 273-8055 ou 1 800 565-5531
info@cheneliere-education.ca ■ www.cheneliere-education.ca

Pour plus de renseignements
ou pour commander,

communiquez avec notre service
à la clientèle au (514) 273-8055.